111 Gründe, Mallorca zu lieben

Dietrich von Horn

111 GRÜNDE, MALLORCA ZU LIEBEN

Eine Liebeserklärung an die
schönste Insel der Welt

SCHWARZKOPF & SCHWARZKOPF

Vorwort

Mallorquinische Anmerkungen 9

Kapitel 1

Mallorquinische und spanische Eigenheiten 13

Weil die Insel im Mittelmeer liegt – Weil man sich von der Sprache überraschen lassen kann – Weil Mallorca das Urlaubsziel der Könige ist – Weil es in der Karwoche Umzüge von Büßern auf der Insel gibt – Weil am 12. Oktober Feiertag ist – Weil man in Palma Flamencoschuhe kaufen kann – Weil man zwölf Weintrauben zum neuen Jahr isst – Weil es eine mallorquinische Mentalität gibt – Weil es ein Mallorca-Alphabet gibt – Weil man Briefmarken beim Tabakhändler kaufen muss – Weil es so merkwürdige Straßennamen gibt – Weil mit Autos anders umgegangen wird – Weil Kreisverkehr mehr ist, als nur im Kreis verkehren – Weil es hinter geschlossenen Fensterläden viel zu entdecken gibt – Weil es auf der Insel viele Alejandro-Sanz-Fans gibt – Weil es ungeahnte Möglichkeiten gibt, seine Reisekasse aufzubessern – Weil im Hafen von Andratx der Angler genau gesagt bekommt, was und wie man fischen darf – Weil Mallorca so nette Verwandtschaft hat – Weil es kaum noch »Corridas« gibt

Kapitel 2

Kulturelles 45

Weil in Valldemossa George Sand und Frédéric Chopin für einen Winter gelebt haben – Weil in Palma die schönsten Häuser bewundert werden wollen – Weil Hinweis- und Ortsschilder kriminelle Gelüste wecken können – Weil man sich an heißen Tagen in Drachenhöhlen abkühlen kann – Weil Thomas Bernhard hier seine Monologe gehalten hat – Weil man das Gefühl hat, Joan Miró über die Schulter zu schauen – Weil die Insel verschüttete Kreativität wiedererweckt – Weil man sich Patios in Palma ansehen kann – Weil Graffiti nicht immer ein Ärgernis sind – Weil man sich auf seinen Urlaub vorbereiten kann – Weil man die »Verordnung für zivilisiertes Zusammenleben« nicht allzu ernst nehmen sollte – Weil Christoph Kolumbus auf Mallorca geboren wurde – Weil das Fernsehen seine Wichtigkeit verliert

KAPITEL 3

FREIZEIT UND SPORT 67

Weil man den Golfern beim Backswing und beim Einputten zusehen kann – Weil man Squash an der frischen Luft spielen kann – Weil Petermännchen zwar gemein, aber äußerst delikat sind – Weil man kein Nacktrodeln veranstalten kann – Weil man hier wunderbar fotografieren kann – Weil man am Cap de Ses Salines zum Steinestapler werden kann – Weil man einen Kalender oder ein Buch über die Insel machen kann

KAPITEL 4

ESSEN UND TRINKEN 81

Weil Tapasbars eine Sünde wert sind – Weil man an Aioli nicht vorbeikommt – Weil Xirimoya keine japanische Sportart ist – Weil die Avocados es in sich haben – Weil man mallorquinische Speisekarten auf Deutsch lesen kann – oder auch nicht – Weil Salzblumen gepflückt werden können – Weil man bei Feigen Mut beweisen kann – Weil man verschiedene Arten von Kaffee trinken kann – Weil Tomaten noch nach Tomaten schmecken – Weil die Sobrasada die Geschmacksnerven berührt – Weil man in der »Caracola« in Porto Petro sitzen kann – Weil man die »grüne Stunde« einleiten kann

KAPITEL 5

TOURISTISCHES 99

Weil schon der Hinflug ein Erlebnis ist – Weil man eine Finca kaufen, mieten oder von außen betrachten kann – Weil man nach Palma fahren kann – Weil Schuhe im »Recamper Factory Outlet« billiger sind – Weil man Männer in

Sandalen und Socken sehen kann – Weil man keinen Schimmer vom vielfältigen Perlenschimmerangebot hat – Weil man bestimmte Dinge von dort mitnehmen kann, aber nicht muss – Weil man in einen englischen Pub gehen kann – Weil es deutsche Presse gibt und man das Inselradio hören kann – Weil man überall Flagge oder Fahne zeigt – Weil man trotz einiger Missverständnisse zu seinem Ziel kommt – Weil man täglich Märkte auf der Insel besuchen kann – Weil es scheint, dass am Ballermann viele ballaballa sind – Weil man an die Flower-Power-Zeit erinnert wird – Weil man in Port d'Andratx Neues erleben kann – Weil man auch wieder zurückfliegen muss – Weil man jedes Jahr auf die Reisemesse geht

KAPITEL 6

FLORA UND FAUNA 133

Weil man im Schatten einer Aleppokiefer den Zikaden lauschen kann – Weil man sich an Palmen erfreuen kann – Weil die Mandelblüte den Frühling einläutet – Weil Kakteen nicht nur Stacheln haben – Weil Mücken auch nachts ungeahnte Möglichkeiten der Beschäftigung bieten – Weil nicht alle »Haustiere« willkommen sind – Weil man beim Baden neben Seeigeln, Feuerquallen und Tintenfischen auch Polizistinnen begegnen kann – Weil man am Strand so einiges finden kann – Weil rote Erde, roter Mohn und rote Schafe oft eine Einheit bilden

KAPITEL 7

ZWISCHENMENSCHLICHES 149

Weil man durch die elektronischen Errungenschaften der Neuzeit mit der Heimat in Kontakt bleibt – Weil man von Nachbartischen Ausflugtipps bekommen kann – Weil es Socorristas gibt – Weil sich junge Frauen am Strand anders verhalten als junge Männer – Weil sich junge Männer am Strand anders verhalten als junge Frauen – Weil Brigitte Pareos am Strand von Es Trenc vorführt – Weil das Tragen einer Sonnenbrille unverzichtbar ist – Weil man hier auch mal romantische Saiten aufziehen kann – Weil man Straßen-

musikanten zuhören kann – Weil man Peter Maffay besuchen kann – Weil man ein Gedicht über den Ort Porreres und die Radfahrer schreiben kann – Weil Karl aus Felanitx alles über Mallorca weiß – Weil man eine Reise in die Vergangenheit machen kann

KAPITEL 8

WOHLBEFINDEN 179

Weil Depressionen hier keine Chance haben – Weil man nachts betrunken aus der »Chillout Bar Varadero« zurück ins Apartment stolpern kann – Weil »Hula and bamboola« am Morgen die Seele und den Körper reinigt – Weil man auf Aleppokiefernnadeln herumkauen kann – Weil es dort ein besonderes Licht gibt – Weil man am Strand die Chance hat, sich Gedanken darüber zu machen, was Glücklichsein ist und wie man glücklich wird, wenn man es nicht schon ist – Weil auf Mallorca eher die Klospülung als die Nase läuft – Weil man in der Cala Moro baden kann – Weil sich an der Cala Mesquida die Poren öffnen – Weil es hier die schönsten Wellen der Welt gibt – Weil es mittags einen leichten Windhauch vom Meer gibt, der die Gardine bewegt – Weil man das Licht der Schöpfung sehen kann – Weil man nachts anders sieht, hört, fühlt und riecht

KAPITEL 9

GEDANKEN 201

Weil Gott auf Mallorca seinen Führerschein verlor – Weil man auf der Insel alt werden kann – Weil man lernen kann, seine Vorurteile zu überdenken – Weil man an seine Grenzen gebracht wird – Weil man das Mallorca-Feeling auch zu Hause haben kann – Weil hier weitere Gründe hingeschrieben werden können, warum man Mallorca liebt – Weil man, wenn man dieses Buch aufmerksam gelesen hat, diese Fragen beantworten kann – Weil man über das Leben nachdenken kann

Vorwort

Mallorquinische Anmerkungen

Mallorca.

Ich wollte immer schon ein Buch schreiben, das mit dem Wort Mallorca beginnt.

Warum? Das haben doch schon so viele getan. Woher kommt dieses Sendungsbewusstsein? Was kann man schon von einem Touristen, wie ich es bin, erwarten, der ein- oder zweimal im Jahr für 14 Tage hierherkommt. Was kann der schon erzählen?

Alles begann vor circa 25 Jahren. Freunde von uns hatten sich dort ein Apartment gekauft und schwärmten von der Insel. Meine Frau und ich waren skeptisch. Niemals wären wir auf die Idee gekommen, nach Mallorca zu fliegen. In unseren Köpfen hatte sich einbetoniert, dass dort nur Rambazamba-Touristen hinfahren. Zum Glück ließen die Freunde mit ihrer Einladung nicht locker.

Nach und nach habe ich dann die Insel für mich entdeckt, merkte, dass ich immer wieder überrascht wurde von ihr. Ich habe längst noch nicht alles gesehen und erlebt. Waren die ersten Begegnungen noch oberflächlich, so entwickelten sich aber langsam Aufmerksamkeit, Interesse und schließlich der Wunsch, immer wiederzukommen.

In diesem Buch kommen meine ganz persönlichen Sichtweisen zum Ausdruck. Das Buch ist unausgewogen, es ist subjektiv. Es ist kein Reiseführer, obwohl es auch viele Tipps gibt. Es zeigt meinen Weg auf, den ich zu dieser Insel gefunden habe. In den frühen 80er Jahren kamen meine Frau und ich allein zu Besuch, dann mit unseren beiden Töchtern. Sie sind inzwischen erwachsen. Heute fahren wir meist ohne sie. Doch ab und zu lassen sie sich gern darauf ein, mit uns und ihren Familien mitzukommen. Das wäre noch ein Grund, Mallorca zu lieben.

Einige der 111 Gründe, Mallorca zu lieben, werden für den Leser nicht immer einleuchtend sein. Am Ende wird er aber feststellen, dass es die Gesamtheit der Ereignisse und Erlebnisse ist, die diese Insel so liebenswert und einmalig macht.

Also, begleiten Sie mich auf meinem Weg über die Insel.

Zunächst die Fakten: Die Insel ist mit 3.684 Quadratkilometern vier Mal so groß wie Hamburg, groß genug, um den unterschiedlichsten Wünschen der Urlauber zu entsprechen. Die Insel hat über 800.000 Einwohner, davon leben 400.000 in Palma. 35.000 Deutsche, Residenten, wie man sagt, wohnen hier. Im Jahr kommen über acht Millionen Touristen. Der höchste Berg ist der Puig Major, immerhin 1.445 Meter hoch.

Das Wort »Mallorca« ist abgeleitet vom lateinischen »Insula maior«, »Maiorica«, also »die Größere«, in Abgrenzung zu »Minorica«, die Kleinere, das heutige Menorca. Diese Inseln nennt man die Balearen, abgeleitet von »Steinschleuderer«. Jene Berufsgruppe war in Urzeiten sehr gefragt, musste man sich doch gegen die Feinde bereits in vorrömischer Zeit behaupten. Ibiza und Formentera gehören zu den Pityusen, insgesamt gehören sie aber auch zu den Balearen.

Mallorca, was für ein Name. Da schwingen Sommer, Sonne, milde Meeresbrise, Eis essen, Tintenfisch, Tapas, eine Mischung aus Orangen, Oliven, Feigen, Weintrauben, Mandeln, Café con leche, Sangría, Hierbas, Tanzen mit. Malle sein, verrückt sein, flirrende Sinnlichkeit erleben. Wer Ruhe sucht, findet sie, wer Party will, auch.

Mallorca – ein Wort der Sehnsucht: nicht weit weg, von Hamburg nur circa zweieinhalb Flugstunden, morgens mal schnell um sechs Uhr hin, am nächsten Abend zurück, was für eine Versuchung. Die Einwohner der Insel sind Mallorquiner, gelassene Menschen, die den jährlichen Trubel um sie herum hinnehmen, wohl wissend, dass sie davon leben. Als Urlauber muss man die Mallorquiner ja nicht unnötig nerven, indem man im Bikini in die

Kirche geht oder grölend durch die Straßen von S'Arenal stolpert. Mallorca ist Kult! Kult? Eine übertriebene und unverhältnismäßige Verehrung für die Insel? Aber was ist an Mallorca unverhältnismäßig, übertrieben? Mallorca – ein Aufstieg von der unbeachteten Bauerninsel zur Urlaubsinsel, auf die fast die ganze Welt kommt. Mallorca – Sehnsuchtsort!

Man sagt dort »gràcies« und »per favor«, also »danke« und »bitte«. »Guten Tag« und »Auf Wiedersehen« – »bon dia« und »adéu«. Worte, die man sich ganz schnell merken sollte. Der geneigte Leser möge dem Autor verzeihen, dass durch das auf der Insel herrschende Sprachengemenge aus Spanisch und Katalanisch-Mallorquinisch es das eine oder andere Mal zu Ungenauigkeiten oder Verwirrungen kommen kann. So wird zum Beispiel die Frucht »Chirimoya« im Spanischen mit »Ch« geschrieben. Die Obstbauern auf den Märkten schreiben diese Frucht mit »X«, also »Xirimoya«. Orts- und Straßenbezeichnungen wurden inzwischen weitestgehend an das Katalanische angepasst. In älteren Landkarten findet man jedoch noch die spanischen Bezeichnungen.

Dietrich von Horn

KAPITEL 1

Mallorquinische und spanische Eigenheiten

1. GRUND

Weil die Insel im Mittelmeer liegt

Das Mare Mediterraneum umfasst ein Gebiet von Gibraltar bis Israel, hat eine Ausdehnung von knapp 4.000 Kilometern. Wenn das Mittelmeer nicht da wäre, gehörte Mallorca zum europäischen Festland, wodurch es sehr an Reiz verlieren würde, kein Baden mehr in den Calas oder an den Naturstränden. Ein Glück, dass das Mittelmeer noch da ist, obwohl man feststellen muss, dass das Wasser mehr und mehr verdampft, da von der Atlantikseite bei Gibraltar relativ wenig neues Wasser zufließen kann. Daher kommt auch der hohe Salzgehalt, der erheblich über dem des Atlantiks liegt. Das erklärt die Salzschicht nach dem Baden auf der Haut. Es gibt hier noch Wale und Delfine und subtropisches Klima. Die Subtropen bezeichnen das Gebiet auf der Welt, das sich in nördlicher und südlicher Richtung an die Tropen anschließt. In nördlicher Richtung gehört auch das ganze Mittelmeer mit seinen anliegenden Ländern zu den Subtropen. Die Sommer sind dort heiß und trocken. Ab Oktober bis Februar beginnt dann die »Regenzeit« und ab Dezember kann es im Tramuntanagebirge durchaus zu Schneefall kommen. Die Tagestemperaturen fallen im Schnitt aber nicht unter 14 Grad Celsius.

Die Römer sprachen vom Mittelmeer als ihrem »Mare nostrum«, unser Meer. Das hat sich im Laufe der Jahrhunderte geändert. Der Name hat sich aber aus der Antike erhalten: das Meer der Mitte. Damals kannten die Römer eben nicht mehr. Ihr Weltbild war durch Europa, Afrika und Asien geprägt. Und in der Mitte lag das Meer. Und wenn sie sich durch die Meerenge hinaus auf den Atlantik begeben hätten, wären sie ja über den Rand der Welt gefahren und von der Scheibe gefallen. Wer will das schon.

2. GRUND

Weil man sich von der Sprache überraschen lassen kann

Ein Tourist, der gewissenhaft seinen Urlaub auf Mallorca plant, wird es im Winter vor der Reise nicht versäumen, einen Spanischkurs für Anfänger zu belegen. So kann er dann am Ende des Kurses sogar ein paar kleine Sätze sagen:

»¡Buenas días!« – »Guten Tag!«

»¡La cuenta, por favor!« – »Die Rechnung, bitte!«

»¿Dónde están los servicios?« – »Wo sind die Toiletten?«

»¡Hola!« – Gesprochen »Ola« für »Hallo«.

Vor Ort wird er dann feststellen, dass dort gar nicht spanisch gesprochen wird, sondern mallorquinisch, was eine Abart des Katalanischen ist, das im nordöstlichen Spanien in der Gegend um Barcelona zu Hause ist. Die Sprache enthält auch Anteile aus dem Französischen, dem Italienischen und dem Arabischen, was wiederum Rückschlüsse auf die bewegte Geschichte dieser Insel zulässt. Es gab ja mal eine Zeit, in der Spanien, und damit auch Mallorca, noch »francophil« war, in der man einen Führer hatte wie in Deutschland. Der verbot kurzerhand, mallorquinisch zu sprechen, man tat es trotzdem. In der Schule wurde aber nur Spanisch unterrichtet. So können viele der älteren Mallorquiner nicht mallorquinisch schreiben und lesen. Daher rührt auch die Tatsache, dass einige mallorquinische Zeitungen zum Teil in Spanisch erscheinen. Seit 1983 darf wieder offiziell mallorquinisch unterrichtet werden. Zur Beruhigung des fleißigen Volkshochschulbesuchers: Die Mallorquiner verstehen natürlich auch Kastilisch, also Spanisch. In jedem Fall wird der Versuch eines Touristen wertgeschätzt, die Sprache der Einheimischen zu sprechen. Die dröhnige, selbstgefällige Art einiger Touristen, ihre Bestellung aufzugeben: »Für alle ›Cerveza‹, aber een bisken schnelle, wa!« fördert nicht gerade die positive Hinwendung des Obers zum bierdurstigen Gast. Übrigens, die oben genannten Sätze müssten auf Mallorquinisch folgendermaßen heißen: »¡Bon dia!«, »¡Es compte, per favor!«, »¿On són els banys?«, und »¡Hola!« heißt im mallorquinischen »¡Huep!«.

Und nach und nach lernt man, dass man nicht an die »Playa« geht, sondern an die »Platja«, gesprochen »Pladscha«. Auch fährt man auf den »Puig«, gesprochen »Putsch«, was keinen umstürzlerischen Akt beschreibt, sondern ganz einfach Berg bedeutet.

3. GRUND

Weil Mallorca das Urlaubsziel der Könige ist

Die spanische Königsfamilie macht des Öfteren Urlaub auf Mallorca. Sie weiß eben, wo es gut und schön ist. Seine Majestät Don Juan Carlos I. – seit Sommer 2014 im Ruhestand – gilt als besonders bürgernah und sportlich. Seit er aber Elefanten in Botswana gejagt hat, immerhin als Ehrenpräsident der spanischen Sektion »World Wide Fund for Nature«, mehrte sich die Kritik an ihm und der königlichen Familie. Und da der spanische WWF den damaligen König nicht absetzen konnte, schafften sie das Amt eines Ehrenpräsidenten einfach ab. Wenn das keine diplomatische Lösung war. Um den Imageschaden für das spanische Königshaus wieder zu beheben – Spanien durchlebt zurzeit ja eine schwere Wirtschaftskrise –, verzichtete »el Rey« auf seine Luxusjacht »Fortuna«. Die gehört aber sowieso dem spanischen Staat. Die laufenden Kosten für das Boot fallen trotzdem dem Staat zur Last. So dümpelt es im Hafen von Palma vor sich hin. Nur Touristen werfen noch mal einen Blick auf die Jacht, in der Hoffnung, vielleicht doch die Königsfamilie zu sehen. In seiner letzten Amtszeit wirkte der König öfter angeschlagen. So mussten der Kronprinz Felipe Juan Pablo y Alfonso de Todos los Santos de Borbón y Grecia und seine Letizia, Princesa de Asturias, wunderschön, rote Pumps, Absätze zehn Zentimeter, zu dünn, zwei niedliche Töchter, Leonor und Sofía, die Geschäfte übernehmen. Sie mussten den Monarchen vertreten, was ihnen wohl ganz gut zu gelingen schien. Normalerweise hätte Felipe sich wohl noch ein bisschen gedulden müssen mit dem Königwerden, denn ein regierender König dankt nicht ab, der stirbt heute auch nicht mehr auf dem Schlachtfeld, sondern im Bett.

Nun ist aber alles anders gekommen, denn Seine Majestät ist ganz plötzlich zurückgetreten. Er wirkte alt, krank und verbittert. Deshalb wollte er dem Land ein neues, junges Gesicht schenken. Wenn das die Probleme Spaniens löst, dann ist sein Entschluss nur zu begrüßen. Nun ist Felipe seit dem 19. Juni 2014 König, Felipe VI de España darf er sich nennen. Jetzt bekommt Spanien neue Geldmünzen, Briefmarken und neue Bilder in den Amtsstuben.

Im Örtchen Ses Salines im Süden von Mallorca gibt es eine winzige Kneipe an der Plaça San Bartolomé, gleich rechts neben der Kirche, die Tapasbar »Casa Manolo«, eigentlich »Bodega Barahona«. Wenn man mit dem Auto daran vorbeifährt, nimmt man sie kaum wahr. 2004 geschah hier Folgendes:

Der damalige Kronprinz Felipe kam mit seiner Frau Letizia unangemeldet als Gast vorbei. Da sie nicht reserviert hatten und das Lokal brechend voll war, musste sich Seine Königliche Hoheit nebst Gemahlin in Geduld fassen. Nach einigem Warten an der Theke wurde ihnen dann ein Platz zugewiesen. Damit solch eine Unannehmlichkeit nicht wieder passiert, bleibt dieser Tisch nun das ganze Jahr über für den König und seine Frau reserviert.

Da sage noch einer, die Spanier oder die Mallorquiner seien königsmüde.

Weil es in der Karwoche Umzüge von Büßern auf der Insel gibt

Kürzlich haben sich zwei Priester in Palma geschlagen. Die menschlichen Gefühle sind mit ihnen durchgegangen. Was war der Anlass? Der eine hätte das Gerücht verbreitet, dass der andere sich mit Männern einlasse, dass er also schwul sei.

Wenn das nicht stimmt, ist das üble Nachrede? Wenn es stimmt, ist das Tratscherei, eine Geschichte, die nicht in die Öffentlichkeit gehört? Priester müssen doch mit gutem Beispiel vorangehen, wie soll denn die Kirchengemeinde damit umgehen?

Vielleicht sollte man das Ganze ein bisschen entspannter sehen. Warum diese Aufregung? Was macht ihr denn da? So ist man doch kein Vorbild. Wir sind doch alle Menschen mit Stärken und Schwächen, das müsste man doch als Diener Gottes verinnerlicht haben, denn im Neuen Testament im Brief des Apostels Paulus an die Römer, Kapitel 12,19 steht geschrieben: »Rächet euch selber nicht, meine Liebsten, sondern gebet Raum dem Zorn Gottes, denn es steht geschrieben: Die Rache ist mein; ich will vergelten, spricht der Herr.« So wird bei den beiden hoffentlich nach einem zeitlichen Abstand der Entschluss reifen, Buße zu tun, denn Buße bedeutet die Umkehr zu Gott, von dem man sich durch die Sünde entfernt hat, in diesem Fall von der Sünde der Nachrede, der üblen, und der andere war nicht in der Lage, seinen Zorn darüber in den Griff zu kriegen.

Die schönste Gelegenheit, Buße zu tun, hätten sie am Gründonnerstag in Palma. Vor Einbruch der Dunkelheit ziehen Tausende von Büßern durch die Stadt, Umzüge mit den Heiligen, sogar ein ganzer Marienaltar wird mitgeschleppt. Die Büßer sind in Büßergewänder gehüllt, dazu tragen sie spitztütige, Ku-Klux-Klan-artige Kopfbedeckungen, die nur kleine Sehschlitze haben.

Die Prozession beginnt abends an der Plaça de l'Hospital General und führt durch die ganze Stadt von Palma über den Rathausplatz bis hin zur Kathedrale. Es gibt verschiedene Bruderschaften, die in unterschiedlichen Büßergewändern gekleidet sind. Die Mitgliedschaft ist etwas Besonderes und wird vom Vater auf den Sohn weitervererbt. Von dumpfen Trommelschlägen wird das Ganze begleitet. Die Büßer tragen brennende Fackeln oder lange Kerzen, manche sind barfüßig und haben sich Eisenketten angelegt. Wenn man das mitgemacht hat, sind einem bestimmt die Sünden vergeben, die man im Laufe des Jahres begangen hat.

Und so könnten auch die beiden Priester im Büßergewand mit der spitztütigen Kopfbedeckung Hand in Hand durch Palma laufen.

5. GRUND

Weil am 12. Oktober Feiertag ist

Jedes Land hat seinen besonderen Feiertag. So ein Tag sagt einiges über die Geschichte und Befindlichkeit einer Nation. In Deutschland wurde mal der 17. Juni gefeiert als »Tag der Deutschen Einheit«. Der war nun alles andere als ein Tag der Einheit, im Gegenteil, ein Tag der Spaltung war das. Den Tag der Wiedervereinigung hätte man am 9. November feiern können. Das ging aber nicht, weil 1938 an diesem Tag die Reichspogromnacht stattfand. Also feiert man den 3. Oktober. An diesem Tag wurde die Wiedervereinigung durch den Beitritt der DDR zur Bundesrepublik Deutschland offiziell vollendet.

Die Spanier, und somit auch die Mallorquiner, feiern den 12. Oktober als ihren Nationalfeiertag, weil an diesem Tag Kolumbus die Neue Welt entdeckte und fast gleichzeitig auch Boabdil, der letzte Kalif von Granada, Spanien verlassen hat. So waren die Spanier befreit von den Mauren und bereit zu neuen Taten. Sie entdeckten die Neue Welt und vereinnahmten sie für sich. Wie nun den Tag nennen? Tag der Befreiung? Tag der Besetzung?

Heute heißt er »Día de la Hispanidad«, »Tag des Spanientums«. Üblich ist auch »Día festivo«, »Tag des Feierns«. Wie? Was? Was soll gefeiert werden? Tag des Völkermordes? Tag der Plünderung Amerikas?

Der französische Schriftsteller Nicolas Chamfort, zur Zeit der Französischen Revolution lebend, hat einmal gesagt: »Der Dummkopf beschäftigt sich mit der Vergangenheit, der Narr mit der Zukunft und der Weise mit der Gegenwart.«

Der Tourist auf Mallorca beschäftigt sich natürlich mit der Gegenwart, er lebt im Heute. Er merkt aber, dass am 12. Oktober auf Mallorca nichts läuft, da haben sogar die Supermärkte zu, und die Märkte in den Orten finden auch nicht statt. Fällt der 12. Oktober auf einen Mittwoch oder Samstag, die beliebten Markttage in Santanyí im Südosten der Insel, kann es für den Touristen zum »Tag der Entdeckung« werden. Jetzt kann er mal durch Santanyí gehen, ohne dass er angerempelt wird, ihm Ledertaschen vor die Nase gehalten und weitere Dinge angeboten werden, die er nun wirklich nicht braucht. Und so steht er auf der Plaça Major nicht ganz alleine, aber doch ziemlich alleine, kann sich die reizenden Häuser, den Olivenbaum vor dem Café, die zwei schönen Palmen vor dem Kircheneingang ansehen, kann sich bei der Banco de Crédito Balear, der Banca March, der Sa Nostra Caixa de Balears oder der Caja de Ahorros del Mediterráneo Geld aus dem Automaten ziehen und vor dem Schaufenster bei der Dependance von Engel & Völkers feststellen, dass sein Geld auch nicht für eine bescheidene Finca auf Mallorca reicht. »Was willst du denn mit einer eigenen Finca? Selbst Boris Becker will seine seit Jahren wieder verkaufen«, stellt die Frau lapidar fest. Sie hat ja recht. Und es überkommt ihn ein Gefühl der unendlichen Erleichterung, er erlebt seinen eigenen Tag der Befreiung.

6. GRUND

Weil man in Palma Flamencoschuhe kaufen kann

Der Flamenco ist eigentlich gar nicht auf Mallorca zu Hause. Das hält den Mallorcabesucher aber nicht davon ab, mal nach Flamencoschuhen zu schauen, man ist doch schließlich auch in Spanien und will was von der Kultur des Landes mit nach Hause nehmen.

Auf Mallorca tanzt man »Bal de Bot«, einen Tanz, dessen Schrittfolgen sehr schwer zu erlernen sind. Einen Hüpftanz, bei dem man die Arme heben und sich im Kreise drehen muss. Für einen Touristen wohl auf die Schnelle nicht zu erlernen. Flamenco ist bestimmt noch schwerer. Aber Schuhe dafür kann man sich doch schon mal kaufen. Vielleicht zu Hause beim Volkshochschulkurs anmelden. Das wird Eindruck machen, wenn man am ersten Tag dann gleich mit Flamencoschuhen kommt.

Dafür kann man ja nicht auch noch nach Sevilla fahren, wo der Flamenco zu Hause ist.

Der niedrigste Absatz der Flamencoschuhe ist der »Taćon cubano«, circa vier Zentimeter hoch und aus Holz. Höhere Absätze sind in der Anfangsphase des Lernens nicht zu empfehlen. Die Schuhe haben eine dicke, harte Sohle. Der Absatz und die Fußsohlenspitze sind mit Nägeln ausgeschlagen, die beim Tanzen für den guten Sound sorgen. Man soll ja auch was hören, denn die dienen dazu, den Rhythmus zu schlagen. Man kann mit der Sohle auftreten, mit dem Absatz oder mit dem Fußballen, was jeweils unterschiedliche Töne erzeugt. Der Schuh sollte nicht zu klein sein, denn bei heißen Temperaturen schwellen die Füße an.

Nimmt man es mit dem Flamencotanzen ernst, braucht man auch noch besondere Röcke. Je nach Temperament wird er in langen schwingenden oder in engen Röcken getanzt. Blumen im Haar wären nicht schlecht, ebenso große Ohrringe. Dankbarkeit, Demut, Freude, Einsamkeit und Traurigkeit können beim Flamenco zum

Ausdruck gebracht werden. Also ein weites Feld, seinen Gefühlen freien Lauf zu lassen. Ach, und Kastagnetten braucht man ja auch noch. Auf alle Fälle ist das Ganze kostspielig, schwierig und schweißtreibend.

Für das normale Laufen eignen sich die Schuhe auch. Sie sind stabiler als normale und geben einem nicht sehr selbstbewussten Wesen beim Gehen auf dem Prachtboulevard von Palma zumindest vom Geräusch her einen Hauch von Bedeutung und Selbstbewusstsein.

Wer das alles nicht will, der geht an die Platja von Palma und kauft sich ein T-Shirt mit der Aufschrift:

»Flamencotanzen macht dich glücklich!
Für mich ist es aber zu anstrengend.
Da bleibe ich lieber unglücklich.«

7. GRUND

Weil man zwölf Weintrauben zum neuen Jahr isst

»Molts d'anys« wünscht man sich auf Mallorca zum Jahresbeginn, »viele Jahre«, also in der Bedeutung: Möge der Mensch noch viele Jahre leben. Kurz vor zwölf muss man sich zwölf Weintrauben, die »Uvas de las suerte«, Glückstrauben, in den Mund stecken. Jede Traube steht für einen Monat des Glücks des nächsten Jahres. Diese Tradition, die in fast allen lateinamerikanischen Ländern gepflegt wird, geht ausnahmsweise mal nicht auf kirchliche Ursprünge zurück. Weinbauern hatten vor gut 100 Jahren eine sehr gute Ernte und somit einen gewaltigen Überschuss an Trauben. Sie mussten sich was einfallen lassen, wie sie ihre Ware loswerden konnten. So entstand der Gedanke mit den »doce uvas de la suerte«. Überall werden an diesem Tag die zwölf Trauben des Glücks angeboten. Wenn der Countdown der Silvesteruhr beginnt, wird bei jedem

Sekundenschlag der Uhr eine Weintraube zerkaut, runtergeschluckt und man darf sich dabei etwas wünschen. Da macht es Sinn, für den Abend kernlose Weintrauben zu kaufen, damit man sich nicht so leicht verschluckt. Ganz Spanien folgt diesem Ritual. Ist der letzte Glockenschlag verhallt, müssen die Trauben runtergeschluckt sein. Dieser Brauch soll schon manchen Menschen das Leben gekostet haben, weil er sich verschluckt hat. Nicht unbedingt ein guter Einstieg ins neue Jahr. Wenn man das überlebt, darf man sich wieder den Resten des üppigen abendlichen Mahles, dem Alkohol und den Menschen zuwenden, die jetzt hemmungslos umarmt und geküsst werden dürfen. Der Höhepunkt des Festes ist erreicht, wenn sich die Feiergesellschaft den Inhalt der verbliebenen Sektflaschen über den Kopf gießt und die ausgelassene Jugend auf der Plaça Major von Palma den ahnungslosen Touristen Böller vor die Füße schmeißt und dazu brüllt: »¡Un feliç any nou!« – »Ein fröhliches neues Jahr!« Das erinnert dann wieder an das deutsche Silvesterfest. Da Spanien in zwei Zeitzonen liegt, wird die »Nochevieja«, die Altnacht, zweimal gefeiert, denn auf den Kanaren beginnt das neue Jahr eine Stunde später.

Wer nun an diesem Tag gar nicht feierfreudig ist, weil es alle sind, kann sich auf das chinesische Neujahrsfest Ende Januar freuen, auf das Jahr des Schweines, des Affen, des Drachen, der Ratte und so weiter, je nachdem was gerade ansteht. Da ist man dann mehr für sich, und vielleicht erwischt man einen wärmeren Tag, der zu einer ausgedehnteren Wanderung durch die Landschaft anregt. Das ist auf jeden Fall besinnlicher. Und wenn man will, kann man dabei ganz genüsslich zwölf Trauben essen, ohne dass man Gefahr läuft, sich zu verschlucken und zu ersticken.

8. GRUND

Weil es eine mallorquinische Mentalität gibt

Im Unterschied zu den Deutschen lässt der Mallorquiner im Allgemeinen seinen Tag gemächlich angehen. Erst einmal ganz ruhig in der Eckkneipe einen »Café con leche« nehmen und mit dem Nachbarn ein lockeres Gespräch führen über das Thema Nummer eins: Fußball – weit vor den Themen Frauen und Wetter.

In der Mittagszeit ab 13 Uhr tut sich eigentlich nicht viel, genauer gesagt, der Mallorquiner ist auf der Straße zu dieser Zeit, der Siesta, überhaupt nicht zu sehen. Da überlässt er den Touristen das Terrain. Ab 17 Uhr taucht er wieder auf, sein Tag beginnt nun wieder in einer Bar, wo er zu einem Glas Rotwein Pamboli isst. Pamboli ist eine mallorquinische Spezialität, man sagt auch »Pa amb Oli«, Brot mit Olivenöl. Die Zubereitung ist ganz einfach. Man röstet ein ungesalzenes Graubrot. Kann man sich beim Bäcker holen, andere backen sich ihr Brot selber. Auf die dicke Scheibe Brot kommen je nach Gusto Käse, vielleicht frischer Ziegenkäse, Oliven, Salz, Pfeffer oder Pata-negra-Schinken, der weltberühmte besonders saftige und schmackhafte Schinken, der seinen Namen von den schwarzfüßigen Schweinen hat. Auf jeden Fall müssen aber aromatische blassrote Tomaten dazu, sogenannte »Tomàtigues de ramellet«. Sie haben einen besonderen intensiven Geschmack. Auf den Gemüsemärkten erkennt man sie daran, dass sie auf einem Band aufgefädelt hängen wie Weintrauben an den Reben.

An der Pinnwand der Bar hängen Zettel, auf denen Leute gesucht werden – nein, keine Verbrecher, sondern Arbeitssuchende. Man kann sich vom Zettel kleine Papierstreifen abreißen und bei Señora Maria Garcia anrufen, die in der Carrer Barrera wohnt und eine Betreuung sucht für ihre noch nicht schulpflichtigen »Niños«, oder bei der Familia Lopéz in der Carrer Bolero, die eine »Limpiadora« sucht. Putzfrauen werden eben überall gesucht, auch auf Mallorca.

Wenn die Sonne langsam hinter dem Horizont verschwindet und es somit kühler wird, werden die Stühle aus dem Haus geholt und man setzt sich mit dem Gesicht zur Straße, um die Ereignisse dort auch ganz genau verfolgen zu können. Da der Nachbar auch schon vor seinem Haus sitzt, kommt es je nach Temperament zu einem mehr oder weniger aufregenden Gespräch. Die Kinder gehören zum abendlichen Straßenbild dazu. Abendbrot wird meist erst nach 21 Uhr eingenommen, mallorquinische Lebensart eben.

Daran kann man sich doch gewöhnen, oder?

Aber bei aller lockeren Einstellung zum Leben und zur Leichtigkeit des Seins sollte man nicht vergessen: Auch auf Mallorca wird gearbeitet – und zwar sehr hart.

9. GRUND

Weil es ein Mallorca-Alphabet gibt

Es gibt das NATO-Alphabet, das lateinische, das kyrillische, das griechische Alphabet oder das Morse-Alphabet. Man braucht so etwas, weil man eine geordnete Menge braucht, um sich zurechtzufinden. Daher ist es sinnvoll, dass möglichst alle sich daran halten. Den Analphabeten interessiert das alles nicht. Der hat sich der Zeit angepasst und bedient sich der Mündlichkeitskultur. Seit Kurzem gibt es ein Mallorca-Alphabet. Das ist kaum bekannt, könnte aber beim Buchstabieren, gerade auf der Insel, sehr hilfreich sein:

any – Jahr
bacalao – Kabeljau
cotxe – Auto
dona – Frau
espardenyes – Strandschuhe
flor de sal – Salz

gelat – Eis
herbes – Kräuerlikör
independència – Unabhängigkeit
juliol – Juli
llum – Licht
mosquita – Mücke
nit – Nacht
ocasió – Gelegenheit, Schnäppchen
platja – Strand
quilòmetre – Kilometer
raig del sol – Sonnenstrahl
sabata – Schuh
tapes – Tapas
útil – nützlich
vent – Wind
xirimoya –südliche Frucht
zero – Null

Am Ende fragt man sich allerdings: Wozu ist so ein Alphabet nützlich? Vielleicht will der Mann von Welt beim Einchecken die Dame an der Hotelrezeption beeindrucken. Da kann er seinen Namen mit dem mallorquinischen Alphabet buchstabieren. Die wird ihn aber wohl nur verwundert ansehen und ihm wortlos das Anmeldeformular reichen. Vielleicht denkt sie dabei: Was gibt es doch bloß für Spinner auf dieser Welt!

10. GRUND

Weil man Briefmarken beim Tabakhändler kaufen muss

Jahr für Jahr werden Millionen Ansichtskarten von der Insel verschickt, denn jeder soll von der Reise nach Mallorca erfahren. Postkarten mit mallorquinischen Motiven findet man zuhauf in jedem noch so kleinen Ort auf der Insel. Aber welches Motiv wählt man aus? Da ist es sinnvoll, sich vorher genau zu überlegen, an wen die Karte gehen soll. Vielleicht eine mit dem Motiv von der Kathedrale von Palma verschicken? Ja, gut, aber wer will so was sehen? Das ist doch nur was von Langweilern für Langweiler. Da sollte es doch mal etwas anderes sein, schließlich ist man im Urlaub, in guter, ausgelassener Stimmung. Da kann man auch mal ein bisschen frech sein.

Am Auslageständer des Souvenirshops gleich neben der Tapasbar ist für jeden Geschmack etwas dabei: für den Ästheten der Sonnenuntergang am Hafen von Port de Soller, die Cala Moro mit ihren schroffen Felswänden, der Bagger auf einem nackten Frauengesäß für den Kegelfreund zu Hause, für den Rätselfreund die Postkarte mit symbolischen Zeichen: Buchstabe »I«, dann ein rotes Herz und dazu der Umriss von Mallorca in Schwarz. Und für den vermeintlich sexuell zu kurz Gekommenen eine nackte Strandschönheit, die mit ihren Beinen eine riesige Dattelpalme umschließt.

Was schreibt man? Bloß jetzt keine tiefgreifenden Überlegungen, nicht unbedingt Überlegungen zu Ludwig Wittgensteins *Tractatus logico-philosophicus* verschriftlichen, weil man das Buch gerade jetzt im Urlaub am Pool gelesen hat und Eindruck schinden will. Dafür wäre auf der Karte auch zu wenig Platz. Der Text sollte schon einfacher daherkommen, vielleicht: »Wünschte, du wärest hier!« oder nur »Waaaahnsinn!«. Das reicht für die Daheimgebliebenen, um sie neidisch zu machen.

Im Hotel gibt es auch Postkarten, die gibt es sogar gratis. Sie zeigen die Vorderansicht der Anlage und den Swimmingpool mit fröhlich planschenden Gästen. Da kann man dann auf dem Bild den fünften Stock des Hotels und da das fünfte Fenster von links ankreuzen und dazuschreiben: »Hier wohnen wir!«

Briefmarken kriegt man selten in den Läden, in denen man die Grußkarten gekauft hat. Die kriegt man bei der Post oder in den

Läden mit der Aufschrift »Tabacos«, beziehungsweise »Tabacs« mit einem stilisierten gelben Tabakblatt, in das ein braunes »T« eingelassen ist. »Braun« trifft es aber eigentlich nicht, es ist mehr ein Rotbraun, ein Rostbraun mit leichten Auberginefarbanteilen. »Estancos« nennt man diese Läden.

»¿Sellos Alemanya?«, stammelt der Tourist, hoffend, dass er verstanden wird. Der deutsch sprechende Verkäufer erklärt, dass er gerade nach deutschen Briefmarken gefragt hat. »Nein, hier bekommen Sie keine deutschen Briefmarken, nur spanische, und das macht auch Sinn, denn Sie befinden sich hier auf Mallorca und das gehört immer noch zu Spanien. Noch ist Mallorca nicht das siebzehnte deutsche Bundesland, noch nicht!«

»Warum kann man nicht trotzdem eine deutsche Marke verwenden? Ich hab zufällig noch eine im Portemonnaie. Ist doch der gleiche Preis, circa 70 Cent, wir sind doch alle Mitglied in der Europäischen Union.«

Ja, man kann gerne eine deutsche Marke draufkleben, aber dann muss trotzdem noch eine spanische Briefmarke dazu. Nein, nein, die spanische Post gehört noch nicht der Deutschen Post. Da braucht es erst mal eine politische Organisation nach dem Vorbild der Vereinigten Staaten. Bis das so weit ist, wird noch viel Mittelmeerwasser an die Calas von Mallorca schlagen. Irgendwie ja auch beruhigend. Wieder ein bisschen klüger verlässt man den Estanco.

Die Postkarten müssen nun in eine der leuchtend gelben runden Säulen, auf denen »Correos« steht. Das Posthorn mit der königlichen Krone ist ein weiteres Indiz, dass es sich um den offiziellen Briefkasten handelt, auch wenn der nicht unbedingt den Eindruck macht, dass er auch geleert wird. Da muss man einfach Vertrauen haben in die Mallorquiner. Braucht eben alles seine Zeit, genauso wie der europäische Gedanke.

11. GRUND

Weil es so merkwürdige Straßennamen gibt

Straßen benennt man, weil man sie von anderen Straßen unterscheiden muss. In ihren Namen soll auch zum Ausdruck kommen, um was für eine Straße es sich handelt: Gasse, Weg, Platz, Brücke, Allee und so weiter. Straßen werden oft nach Personen benannt, das hat den Nachteil, dass Straßen nach einer gewissen Zeit wieder umbenannt werden müssen, weil mit der Zeit andere Sichtweisen auf die Personen entstehen. Wer möchte schon in einer Straße wohnen, die nach einer Nazigröße benannt wurde. Heute geht der Trend eher zu Märtyrern, da kann man nichts falsch machen, oder man nimmt Persönlichkeiten, denen man nun wirklich nichts anhängen kann – wie Goethe, Schiller oder Liebermann. Auch Blumen-, Pflanzen- und Tiernamen werden gerne genommen. Das ist eher nicht aufregend, eigentlich langweilig, aber manchmal entstehen dann durchaus originelle Namen wie »Mümmelmannsberg«. Am besten sind positiv besetzte Namen, zum Beispiel möchte man doch lieber in der »Straße der Morgensonne« wohnen als in der »Straße der Abendsonne«. Auch sollte die Länge einer Straße im Namen zum Ausdruck kommen. In Dingolfing gibt es eine Straße, die heißt »Bischöflich-Geistlicher-Rat-Josef-Zinnbauer-Straße«, immerhin 50 Zeichen. Da kann man ja nur hoffen, dass die Straße länger ist als der Name. Bis man den Namen geschrieben hat, kann man den Brief auch selber zum Adressaten bringen. Ja, aber Straßennamen müssen sein, das geht nun mal nicht anders, der Postbote würde sonst verzweifeln und die Orientierung in einer Stadt wäre unmöglich. Das ist auf Mallorca auch nicht anders.

Wie wir ja wissen, bereitet sich ein deutscher Bildungsbürger auf seine Reise nach Mallorca vor. Und so hat er in seinem Spanischvolkshochschulkurs viele wichtige Wörter gelernt, unter anderem weiß er jetzt, dass Straße »Calle« heißt. Auf Mallorca ist das natürlich wieder anders. Dort heißt die Straße »Carrer«, abgekürzt »C«. Das kommt aus dem Lateinischen, »Carrarius«, zu Deutsch: Straße für Karren. Eine »Via« ist eine Dorfstraße, eine »Carretera« ist eine Landstraße, eine Autobahn eine »Autovía« und eine »Camino« oder »Camí« ein Feldweg, ein Wanderweg. Eine »Avinguda« ist eine Prachtstraße, abgekürzt »Av.«. Der Prachtboulevard in Palma heißt »Passeig del Born«. Er hieß lange Zeit »Paseo del Generalísimo Franco«. Die Plaça de Caudillo, also der Platz des Führers, ist auch völlig aus der Mode gekommen. So sieht man, dass auch die Spanier durch die Veränderung der historischen Bedingungen ihre Straßennamen ändern. Die Straßen heißen jetzt »Carrer Joan Muntaner i Bujosa«, »Carrer Salvador Dalí«, »Carrer de Mozart«, »Avenida Picasso« und »Carrer de Orson Welles«. Die »Carrer del 31 de desembre« in Palma heißt deshalb so, weil an diesem Tag die Rückeroberung Mallorcas durch den König Jaume I. im Jahre 1229 von den Mauren erfolgte. Aus bekannten Gründen wäre es ungünstig, dieses Ereignis zum Feiertag zu machen, so hat man sich zu einer Straßennamensgebung entschlossen. Da hätte Jaume I. mit seiner Rückeroberung mal ruhig ein paar Tage warten können.

Die Deutschen kennen dann noch die Milchstraße, Mallorquiner nennen sie »Via láctea«. Beides ist für menschliche Wesen nicht zu erreichen oder zu betreten. Obwohl, in Hamburg gibt es sie wirklich.

12. GRUND

Weil mit Autos anders umgegangen wird

Die Autos der Einheimischen auf Mallorca haben im Gegensatz zu den Mietautos viele Blessuren. Die rühren von Berührungen mit anderen berührten Autos her. Kleine Dellen bei einer Karambolage werden nicht besonders ernst genommen, Stoßstangen sind dafür da, dass man sie auch als solche benutzt, eben zum Stoßen. Ein

Urlauber tut gut daran, das bei einer Berührung mit einem Mallorquiner in Betracht zu ziehen. Ein Mallorquiner erwartet auch vom Angefahrenen die gleiche gelassene Haltung. »¡Tranquilo!« Ruhig! Das ist Lebensmotto. Was soll die Aufregung, ist doch gar nichts passiert. Polizei holen für so was?

Spanische Autos haben wie in allen anderen Ländern ein Kennzeichen, das Kfz-Kennzeichen. Auf der linken Seite der Buchstabe E für España, darüber die gelben Europasterne auf blauem Grund. Es folgen die Buchstaben IB (Islas Baleares), eine Zahlenfolge, dann wieder eine Zahlenfolge. Ab 2001 sagen die Nummernschilder nichts mehr aus über den Zulassungsort des Autos. Sie werden zentral vergeben und bestehen aus vier Ziffern und drei Buchstaben. Ab und zu sieht man das Kennzeichen SP. Es steht nicht für Spanien, sondern für »Servei Públic« (Öffentlicher Dienst). Taxen und Busse müssen so ein Zeichen haben.

Manchmal sieht man private Zeichen an den Autos: der schwarze Osbourne-Stier auf spanischem Flaggengrund, die Balearenflagge oder einfach nur Sprüche, wie man sie überall auf der Welt findet, nur eben spanisch orientiert. Da lohnt es sich schon mal, genauer hinzusehen, weil man da etwas über die Befindlichkeiten eines Volkes mitkriegen kann: »¡No sueñes tu vida, vive tu sueño!« (Träume nicht dein Leben, lebe deinen Traum!)

Der eine oder andere Spruch nimmt Stellung zur aktuellen Lage in Spanien: »¡Si acabas una carrera en España tienes tres salidas: por tierra, mar o aire!« Man hat als junger Mensch nach der Berufsausbildung drei Möglichkeiten: auf dem Land-, See- oder Luftweg seine Zukunft im Ausland suchen.

Komisch, der Ausländer kommt auf dem Land-, See- oder Luftweg ins Land, um das Geld hierherzubringen, um sich zu erholen.

Ein deutscher Tourist klebt sich vielleicht ans Auto: »… ein starkes Stück MALLORCA!! … la isla bonita!!«

Übrigens, wenn man sein Auto nicht wiederfinden kann, kann das – genau wie in Deutschland – drei Gründe haben:

1. Man hat vergessen, wo man seinen Wagen abgestellt hat.
2. Das Auto ist gestohlen worden.
3. Das Auto ist abgeschleppt worden.

Wenn 1. und 2. nicht zutreffen, könnte es sein, dass man im absoluten Parkverbot gestanden hat, zu erkennen am gelben Streifen am Straßenrand. Da sollte man auch seinen Blick hinwenden. Dort kann man vielleicht ein aufgeklebtes blaues Dreieck finden, auf dem vermerkt ist, an welchem Tag und zu welcher Stunde das Auto entfernt wurde. Zur Sicherheit, dass es sich wirklich um das eigene Auto handelt, sind noch die Marke und das Nummernschild vermerkt. Unter einer neunstelligen Telefonnummer kann man mehr erfahren.

Was lernen wir daraus?

Vorsichtshalber das Kennzeichen am Mietauto gleich beim Abholen verinnerlichen und eine Vollkaskoversicherung abschließen.

13. GRUND

Weil Kreisverkehr mehr ist, als nur im Kreis verkehren

Die Dänen sagen »Rundkørsel«, die Engländer »roundabout«, die Franzosen »sens giratoire« und die Mallorquiner »Rotonda«, zu Deutsch: Kreisverkehr.

Eine segensreiche Einrichtung, um den Verkehr an einer Kreuzung flüssig abzuwickeln. Das ist ja eigentlich nun wirklich nichts Aufregendes, denn das hat sich überall auf der Welt rumgesprochen und durchgesetzt, natürlich auch auf Mallorca. Orientiert man sich mit einem Navigationsgerät, kann es durchaus zu unklaren Ansagen kommen, wenn mehrere Ausfahrten dicht aufeinanderfolgen. Da hilft es dann doch, die Anzeigetafeln genauer zu lesen. Gibt es an einer Ausfahrt eine Vielzahl von Hinweisschildern, hat man die

Chance, mehrere Runden zu drehen. So kann man bei jeder neuen Runde die Schilder besser abarbeiten. Das Tolle ist, dass man sich nicht mal zum Affen macht, weil die anderen Verkehrsteilnehmer das ja nicht mitbekommen. Die Anlagen in Deutschland sind meist spartanisch gestaltet. Im Zentrum des Kreises ist nur ein aufgeschütteter flacher Hügel, auf dem häufig Gras angesät ist.

Das nun macht man auf Mallorca anders. Dort gibt man sich nicht zufrieden mit dem reinen Zweckbau. Hier besinnt man sich der Notwendigkeit des Überflüssigen, durch das das Leben bekanntermaßen erst erträglich wird. Eine »Rotonda« muss mehr sein als nur eine banale Verkehrsregelung, und so hat man fast jeden Kreisverkehr auf der Insel zum Kunstwerk erhoben. Man findet Skulpturen in allen möglichen Materialien, oftmals aus rostigem Metall gefertigt. Man kann »Zugvögel« in Cala d'Or beobachten, die bis zu neun Meter hoch aufsteigen. In Santanyí steht eine Plastik, die einem Menschen ähnelt, der sich zu einem kleinen Wesen herabbeugt. In Felanitx ist eine alte Straßenwalzmaschine auf der »Rotonda«. Das macht Sinn, weil es an die Straßenarbeiter erinnert, die diese Einrichtung geschaffen haben. In der Nähe von Vilafranca, in der Inselmitte, ragen rostige weibliche und männliche Wesen hoch in den Himmel. Einen Kreisverkehr in Port de Pollença im Norden ziert ein Riesendreirad, das vielleicht darauf aufmerksam machen soll, welche mobilen Hilfsgeräte der Mensch zu Beginn seines Lebens genutzt hat, um sich die Welt zu erobern, oder – auch das ist nur Interpretation – soll es den Menschen vielleicht denken lassen, dass, wenn er sein geliebtes Mobil, sprich Auto, verlässt, er auch nur ein ganz normaler Fußgänger ist.

Es gibt noch unzählige weitere interessante Kreiselskulpturen, auf die der Leser beim Befahren der Insel achten sollte. Wer mit Kindern unterwegs ist, könnte die Autofahrt spannend gestalten. »Wir erstellen eine Liste der Kreiselskulpturen und geben ihnen Namen.« Dazu ein Foto und an Oma schicken. So erhält sie im Stundentakt Post.

14. GRUND

Weil es hinter geschlossenen Fensterläden viel zu entdecken gibt

Mal ehrlich, die mallorquinischen Kleinstädte und Dörfer sind eigentlich fast alle hässlich. Sie wirken um die Mittagszeit wie ausgestorben. Ockerfarbener Sandstein und Staub bestimmen das Bild des Ortes, Bauruinen mitten in der Stadt, wenig Grünpflanzen. Allenfalls der zentrale Platz spiegelt eine gewisse Stadtplanung wider. Der ist mit flatternden weißen Bändern überspannt. Der Wind bringt mit der Sonne ein flirrendes Schattenspiel auf den Boden. In den engen Gassen parken die sandigen, kleinen Autos und sehen so aus, als wenn sie sich vor der Hitze wegducken wollen. Für den Ortsfremden ist kaum ein Parkplatz zu finden. Gelb markierte Linien am Straßenrand sind zu meiden. In geraden Monaten muss man auf der rechten Seite, in ungeraden auf der linken Seite parken. An den Häuserfronten sind elektrische Leitungen verlegt, die sich schlangenartig um die Häuser ringeln und in einer angemessenen Höhe sich über die schmalen Straßen winden. Hässliche Straßenlaternen stehen an den Straßenecken. Die Tür des kleinen Ladens in der Seitengasse ist mit Stoffbändern verhängt. Die abweisenden Häuser haben hölzerne Fensterläden mit schrägen Lamellen, die wohl mal grün oder blau gestrichen waren. Eine dicke Staubschicht liegt darauf. Die Fensterläden wirken so, als wenn sie lange Zeit nicht geöffnet worden sind. Das muss Gründe haben. Sie bieten Schutz vor Staub, Lärm und den Blicken der neugierigen Passanten, außerdem schützen sie vor Insekten, schließen die Wärme aus und halten angenehme Kühle im Raum. Im ersten Stock sind die Holzverschläge ein klein wenig geöffnet. Handtücher zum Trocknen hängen heraus. Die Ladentür der »Perruqueria Unisex« (Damen- und Herrenfriseur) ist mit einer Metalljalousie verschlossen. Der Supermercado ist von Montag bis Sonnabend von 8.30 Uhr bis

13.30 Uhr und dann wieder von 16.30 bis 20.30 Uhr geöffnet. An Baustellen, auf denen nicht gearbeitet wird, verharren graue Steine stumpfsinnig in der prallen Mittagssonne.

So weit die Fassade. Nach innen öffnet sich allerdings das Haus in seiner gemütlichen Privatheit, geflieste Böden, Azulejos, handbemalte Kacheln, vorwiegend in Blau oder in Erdtönen gehalten. Irgendwo muss ein bisschen Wasser fließen, ein Relikt aus der Maurenzeit. Geschmackvolle und oft hochmoderne Inneneinrichtungen überraschen den Besucher. Das Auftrumpfen und Protzen mit äußerlich schönen Prachthäusern überlassen die Mallorquiner den Zugereisten, die hier ihren zweiten oder dritten Wohnsitz haben. Diese Häuser stehen dann aber außerhalb der Dörfer, wo man den entsprechenden Fern-, aber keinen Einblick hat. Immer häufiger findet man jetzt aber auch in den Städten Besitztümer von »Nicht-Mallorquinern«, die ein Dorfhaus entsprechend aufmöbeln oder gleich ein Hotel daraus machen. Auch hier bleibt die äußerliche Bescheidenheit bestehen, den Luxus erfährt man erst beim Betreten der Räume.

15. GRUND

Weil es auf der Insel viele Alejandro-Sanz-Fans gibt

Auch wenn Mallorca nicht in den Tropen liegt, so gibt es doch hier auch einen Dschungel, einen Schilder-Dschungel. Und da gibt es immer viel Exotisches zu entdecken, sei es, dass es die Schilder sind, die einen an den Straßen zu bestimmten Orten leiten sollen: zu den Calas, zur Marina Cala d'Or (Jachthafen), zum Robinson Club oder zum Hostal San Francisco. Das muss man erst alles einmal verstehen und verarbeiten. Weitere Schilder deuten auf Besonderheiten hin. »Propietat privada« (Privatbesitz), okay, das versteht man ja noch, aber »Perill« (Gefahr), »Benvingut« (Willkommen) oder »Pagau an es Caixer automàtic abans de sortir amb so vostro vehicle«? (Zuerst am Automaten bezahlen, bevor Sie mit Ihrem Auto wegfahren). Auf manchen Schildern ist die Schrift bereits gegangen, das Schild ist aber noch da.

Der spanische Sänger Alejandro Sanz hat vor nicht allzu langer Zeit ein Lied gemacht, das *Se vende* heißt. Da kommt ein Refrain vor, den man vielleicht so übersetzen kann:

»Zu kaufen …
eine neue Seele,
noch nie benutzt,
zu kaufen,
ich bin am Ende,
ich verbrenne meine Schiffe in deinem Ofen,
besetzt mit Schmerz.
Ich gebe dir das Ruder in die Hand,
gebe dir meine Decke.
Meine Zweifel steck ich in den Abfalleimer.«

Oh Mann, das hört sich ja ganz schön ambitioniert an. Da geht es mal wieder um die Liebe. Das ist in Spanien ja nicht anders als in Deutschland. Verwunderlich ist nur die Tatsache, dass überall auf der Insel Reklame gemacht wird für diesen Song. Vielleicht war er ja nicht sehr erfolgreich. Deshalb brauchte es die Unterstützung durch die mallorquinische Bevölkerung, die ihn wohl sehr mag. Und so steht in jedem Ort, jedem Dorf, an fast jedem Häuserblock irgendwo der Titel des Songs: »Se vende«.

Manchmal steht auch »Se alquila« (zu vermieten) an den Fensterverschlägen. Ist das ein weiterer Song von Alejandro Sanz, für den die Inselbewohner Reklame machen wollen?

16. GRUND

Weil es ungeahnte Möglichkeiten gibt, seine Reisekasse aufzubessern

In Deutschland bringt man seine ausgetrunkenen Flaschen zurück. Dorthin, wo man sie gekauft hat, zum Supermarkt. Hier wird die leere Kiste Bier in einen Rücknahmeautomaten gesteckt, der dann die Pfandsumme errechnet. Man kann ebenfalls seine Einwegplastikflaschen zurückgeben, sie auch in den Automaten stecken und dabei hören, wie sie auf der Stelle zerdrückt werden. Das Pfandgeld wird dann zusammengerechnet. Der Automat druckt einen Bon aus, den man an der Kasse gegen Geld eintauscht.

Auf Mallorca ist das anders, oder zumindest gilt das für die Einwegplastikwasserflaschen. Dafür gibt es kein Pfand. Entsprechend sieht die Umwelt aus. Bis vor Kurzem schien die Einstellung vorzuherrschen, dass, weil der Produzent der Ware zu bequem ist, sich Gedanken zu machen über die Entsorgung des Mülls, der Verbraucher auch nichts daran ändern kann. Und so ging alles, ob Plastikflaschen, Glas, Bioabfall, Papier, Pappen, Windeln, Hundekot, in den meisten Teilen der Insel in den grünen (!) Container, der irgendwo am Straßenrand aufgestellt ist, für alle benutzbar ist, fürchterlich vor sich hin stinkt und wo man beim Öffnen damit rechnen muss, dass einem die Ratten ins Gesicht springen.

Umweltverbände fordern zwar seit Langem, ein europaweites Pfandsystem einzuführen, aber das Europäische Parlament verhält sich sehr zögerlich, und es ist wohl in nächster Zeit kaum mit einer einheitlichen Lösung zu rechnen. Inzwischen setzt sich aber das Bewusstsein für Mülltrennung auch auf der Insel immer mehr durch. Fast jede kleine Gemeinde hat neben den erwähnten grünen Containern an der Straße einen Sammelplatz mit mehreren Containern in den entsprechenden Farben zur Müllsortierung. Als deutsche Seele macht man sich trotzdem so seine Gedanken.

Wie wäre es denn zum Beispiel, wenn man die Plastikflaschen, die ja inzwischen fast alle europaweit genormt sind, zumindest die von den großen Supermarktketten, mit nach Hause nimmt und dort dann in den Rücknahmeautomaten steckt? Das ist vielleicht ein etwas abwegiger Gedanke, denn wie will man die Plastikflaschen nach Deutschland bringen? Nach einiger Überlegung findet man die Lösung – im Koffer natürlich. Die eigenen Sachen werden auf die Koffer der anderen Familienmitglieder verteilt, viel hatte man ja sowieso nicht mit. So bleibt der eigene Koffer leer und man kann ihn somit mit circa 60 Plastikflaschen füllen. Ins Handgepäck gehen bestimmt noch mal 20 Flaschen. Aber gut ausleeren! Nicht, dass da noch Restflüssigkeit enthalten ist, dann muss man die Flaschen auf dem Flughafen zurücklassen, wegen der Flugsicherheit.

Mit den 80 Flaschen kann man dann zu Hause beim Supermarkt auflaufen und sich genüsslich Pfandgeld abholen, das man gar nicht bezahlt hat. Bei einem Pfandgeld von 15 Cent pro Flasche macht das immerhin eine Summe von zwölf Euro aus. Das ist doch was, das lohnt sich doch. Was? Ob das illegal ist? Schließlich wird der Unternehmer in Deutschland geschädigt. Er muss für Müll bezahlen, den er gar nicht verursacht hat.

17. GRUND

Weil im Hafen von Andratx der Angler genau gesagt bekommt, was und wie man fischen darf

Um den Fischen von Mallorca auch die Möglichkeit zu geben, sich von den ewigen Angriffen, im Besonderen vonseiten der Angler, erholen zu können, hat die Verwaltung der Inseln, »Govern de les Illes Balears«, ein Schild aufgestellt. So weiß der Angler genau, was er darf und was er lassen sollte.

Die Größe der Fische, die man fangen darf, ist in Zentimetern angegeben. Von den Cefalòpodes, sogenannten Kopffüßern, dürfen maximal zehn Stück pro Tag gefangen werden, und dabei darf man das Tier nicht mit Licht anlocken. Mit Hilfe von schwarzer Tinte können diese Tiere bekanntermaßen ihre Feinde erschrecken und täuschen. Es sollen ja intelligente Tiere sein, die gezielt aus Gläsern mit Schraubverschluss Gegenstände holen können. Der Kopffüßer kann Wasser einsaugen und wieder ausstoßen, so kann er nach dem Rückstoßprinzip durch das Wasser schießen.

Was kann man sonst noch fischen?

Makrele, Zweibindenbrasse, Seezunge, Thunfisch, Geißbrasse, Meerbarbe, Steinbeißer, Seebarsch, Graubarsch, Zackenbarsch, Heilbutt und den Lachs, minimale Größen sind vorgeschrieben. Der Thunfisch muss immerhin 80 Zentimeter lang oder zehn Kilo schwer sein. Gar nicht gewusst, was sich so alles im Mittelmeer rumtreibt.

Wie darf man fischen?

Maximal zwei Canyes (Angeln) und maximal sechs Hams (Haken) dürfen ausgelegt werden. Das Unterwasserfischen ist gänzlich verboten, also nix mit Sauerstoffflasche oder U-Boot.

Wo darf man nicht fischen?

Innerhalb einer Zone von 100 Metern um Strände, wo Badegäste sind.

Und schön aufpassen, es gibt giftige Fische wie den Aranya, das Petermännchen (siehe Grund Nr. 35).

Und wenn man das alles nicht verstanden hat, kann man bei der »Direcció General de Pesca« anrufen, bei Notfällen 112, und wenn das immer noch nicht reicht, bei der »Guàrdia Civil de Mar«.

Weil Mallorca so nette Verwandtschaft hat

Mallorca gehört zu den Balearen. Wenn man die ganze Sache familiär aufzieht, dann müsste Mallorca mit Nachnamen Balearen heißen, also: Mallorca Balearen, auf Katalanisch: Mallorca Balears. Das klingt doch gut. Wenn die Insel zu einer Familie gehört, dann stellt sich auch die Frage: Wer gehört denn dann noch dazu? Wer ist verwandt mit dieser Insel? Oder besser, wer ist nicht verwandt mit ihr? Wer sind denn bitte die Eltern? Man munkelt, dass das España sein soll, Vater Castellano, Mutter Catalunya. Na, ob das so stimmt.

Zunächst einmal trennt ein 1.500 Meter tiefer Graben die Inseln vom spanischen Festland. Die Entfernung dorthin beträgt, je nachdem auf welcher Insel der Balearen man sich befindet, zwischen 100 und 200 Kilometer. Die Beziehung zu Spanien ist zwar vorhanden, aber die Liebe zueinander ist doch eher distanziert. Die Trennung von Spanien fand bereits vor einigen Jahren im Tertiär statt, das ist geologisch gesehen die Erdneuzeit. Der Name sollte einen aber nicht dazu verleiten, zu glauben, dass das mal gerade eben gewesen ist. Das Tertiär begann vor 65 Millionen Jahren und dauerte bis etwa drei Millionen Jahre vor unserer Zeitrechnung. In dieser Zeit entwickelte sich Mallorca mit seiner Verwandtschaft und löste sich vom Mutterland. Es ist, wie die nahe gelegenen Inseln, erdgeschichtlich aus gleichem Holz geschnitzt. Will man im menschlichen Bild bleiben, sind sie von den Genen her fast identisch. Und wie das so unter Verwandten ist: Weil man eben so dicht aufeinanderhockt, kommt es immer wieder zu Vergleichen und unterschiedlichen Sichtweisen auf die Dinge. Um das genau zu untersuchen, sollte man zunächst einmal die Eigenarten der Inseln genauer betrachten:

Da haben wir als Erstes die kleinere Schwester Menorca. Allein der Name erinnert sie immer wieder daran, dass sie die Kleinere ist, der kleine Dussel, der nichts mitbekommt und alles als Letzter versteht. Bei ihr ist alles immer etwas später passiert. Wie das eben so ist mit den kleineren Geschwistern, die laufen im familiären Kreis irgendwie so mit. Werden von ganz allein groß. So ist Menorca erst spät vom Massentourismus entdeckt worden, konnte sich aber dadurch seine Ursprünglichkeit erhalten. Bodenständige Leute kommen, vorwiegend Familien mit Kleinkindern. Hier ist es weniger aufregend, kleiner, aber gerade deshalb schön.

Ibiza, die Dritte in der Reihe, ist wohl die Kapriziöseste der Familie. Hier gibt es keinen Ballermann, nein, das wäre alles für die Insel zu ordinär. Hier muss es schon mindestens Sekt sein, Aperol Sprizz oder so was. Man trinkt mit abgespreiztem kleinen Finger und besonders coolem, gelangweilten Blick, der hinter einer Sonnenbrille von Ray Ban versteckt ist. Hier gibt es keine Sangría, hergestellt aus billigem Rotwein, verdünntem Orangensaft und fuseligem Weinbrand. Hier gibt man sich nicht ab mit ordinärer Volksbelustigung, dafür ist die große Schwester zuständig. Hier sind die Bars besonders und mondän. Hier hat man Geld, oder, wer das nicht hat, muss schön sein, dann kann man auch in den Bergen oder am Strand an den Goa-Partys teilnehmen.

Formentera ist nur per Fähre zu erreichen. Daran kann man schon erkennen, dass die Insel sich immer so ein bisschen anstellt, wollte zuerst von den Touristen nichts wissen, die kamen aber trotzdem, in den 60er- und 70er-Jahren die Hippies, dann auch die Normaltouristen. Man munkelt, dass Bob Dylan hier mal ein halbes Jahr gelebt haben soll. Das ist gut vorstellbar, da sich die Insel bis heute den Zauber ihrer Beschaulichkeit erhalten hat.

Cabrera, an der Südspitze Mallorcas, wird von den anderen Schwestern fast gar nicht wahrgenommen, denn sie ist die sprödeste von allen und eine der kleinsten der Familie »Balears«. Cabrera, die Ziegeninsel, ist nicht oder besser nur zeitweise bewohnt. Als guter Langstreckenläufer könnte man locker einmal um die Insel laufen, wenn man keine Angst davor hat, sich die Beine zu brechen, denn es gibt keine wirklichen Wege. Die wilden Ziegen haben dafür gesorgt, dass die Insel ziemlich verkarstet ist. Von der großen Schwester Mallorca aus kann man die Insel mit einem Ausflugsboot besuchen. Das fährt von Mai bis Oktober täglich von Colònia de Sant Jordi die Insel an. Das schließt einen Massentourismus aus. Was für ein Segen für die Insel und die wilden Ziegen.

19. GRUND

Weil es kaum noch »Corridas« gibt

Vor Kurzem hat das spanische Parlament den Stierkampf, die »Corrida«, zum nationalen Kulturgut erhoben. Bestimmte Kreise wollen den Stierkampf sogar in die Liste des Weltkulturerbes aufnehmen lassen. »Dies ist das Beste, was der Welt des Stierkampfes passieren konnte«, meinte ein bedeutender Mensch aus Katalonien. Das ruft natürlich die Tierschützer auf die Barrikaden. »Die Tiere zur Unterhaltung zu quälen gehört zu den finstersten Ereignissen der Menschheit und nicht ins 21. Jahrhundert«, schrieb Pamela Anderson an das spanische Parlament. Dabei hatte das katalanische Parlament vor einiger Zeit die Stierkämpfe für illegal erklärt. Das setzte wieder die Befürworter der »Corrida« in Gang, die ein Volksbegehren einleiteten. Sie bekamen 600.000 Unterschriften, erreichten aber nicht, dass das Verbot in Katalonien aufgehoben wurde.

Da nun Mallorca mit den anderen umliegenden Inseln einen autonomen Status hat, etwa so wie in Deutschland die Bundesländer, so ist es auch Sache der Region, darüber zu befinden. Die Regierung auf Mallorca kämpft für den Erhalt dieser Veranstaltung. Und so findet ab und an eine »Fiesta« auch in der Stierkampfarena von Palma an der »Plaça de Toros« statt, ein Abschlachtritual, bei dem der Stier absolut keine Chance hat. Hier kann man seine archaischen Instinkte ausleben. Klammheimliche Freude kann dann nur noch aufkommen, wenn der Matador oder ein Torero auf die Stierhörner genommen wird und per Express in die »clinica« eingeliefert wird. Die Arena in Palma bietet über 10.000 Zuschauern Platz. Schön wäre es, wenn Touristen solche Plätze meiden würden, das wäre ein Beitrag zur zukünftigen Verhinderung solcher Aktionen.

Aber es gibt auch viele Gegner solcher öffentlichen Abschlachtungen auf Mallorca und die Hoffnung, dass irgendwann dieser Anachronismus vorbei ist. In einigen Gemeinden auf Mallorca wurde beschlossen, den Stierkampf zu verbieten. Dafür soll eine andere traditionelle Form der Tierquälerei wieder aufleben – das Entenwerfen. Dabei handelt es sich eigentlich um eine Tombola. Im Wasser schwimmend warten die Tombolateilnehmer. Die lebenden Enten werden nun von Booten aus ins Meer geworfen. Dabei können sich die Tiere schwere Verletzungen zuziehen, wenn sie auf das Wasser aufschlagen oder wenn sie von den Tombolateilnehmern, die sich um die Enten schlagen, brutal ergriffen werden, denn an den Füßen der Tiere sind Losnummern angebracht, die einen Gewinn versprechen.

Das Ganze nennt sich »Fiesta de los patos« – das Entenfest. Nur den Enten wird nicht zum Feiern zumute sein.

KAPITEL 2

KULTURELLES

20. GRUND

Weil in Valldemossa George Sand und Frédéric Chopin für einen Winter gelebt haben

Bildungsfernere Schichten, die Mallorca besuchen und glauben, sie seien im 17. Bundesland, werden wohl nicht über S'Arenal und die Schinkenstraße hinauskommen. Wenn dann doch mal einer aus dieser Spezies sich nach Valldemossa verirren sollte, kommt auch ein solcher Mensch zwischen Andenkenshops und Café-Bars nicht daran vorbei, etwas von Frédéric Chopin und George Sand mitzukriegen, die sich hier vor vielen Jahren einmal aufgehalten haben. Da tun sich auch für einen Ignoranten Fragen auf:

Wer ist bitte Frédéric Chopin?
War der so eine Art Jürgen Drews?
Und der lebte hier mit George Sand auf der Insel?
George Sand, war das ein englischer Fußballspieler?
Bei welchem Verein spielte der denn?
Waren die beiden schwul?

Wenn ein Bildungsbürger solche Äußerungen mitkriegt, rollen sich bei ihm die Fußnägel auf, da muss er eingreifen, das kann man doch nicht so im Raume stehen lassen. Da muss man doch was tun! Und so muss dieser Mensch, ob er will oder nicht, sich die Belehrung anhören. Also, erst einmal, George Sand ist kein Fußballspieler, sondern eine französische Schriftstellerin, die diesen Namen angenommen hatte, um darunter unerkannt schreiben zu können. Sie lebte in Paris, Chopin kam 1831 nach Paris. Die beiden gingen 1838 eine Liebesbeziehung ein, die 1847 endete. 1838 befanden sie sich auf der Insel. George Sand zog wegen ihrer Kinder dorthin, denn ihr Sohn litt unter Rheuma. Sie versprach sich Linderung für das Leiden ihres Sohnes wegen des Klimas auf der Insel. Chopin, ein polnischer Komponist, litt unter Tuberkulose und versprach sich ebenfalls eine Verbesserung seines Gesundheitszustandes. Sie lebten in einer einfachen Unterkunft in Valldemossa. Obwohl es Chopin weiterhin schlecht ging, schrieb er in der Zeit eine Polonaise und einige Préluden, unter anderem die *Regenprélude*. Und Frau Sand schrieb sich in ihrem Buch *Ein Winter auf Mallorca* ihre Eindrücke über Mallorca von der Seele. Sie blieben nur für eine kurze Zeit, genau 98 Tage. Der Winterregen machte ihnen zu schaffen. Es war ihnen einfach zu kalt.

Der gebildete Mallorca-Reisende gibt die Hoffnung nicht auf, dass auch ein Ignorant was dazulernen kann. Wenn der einen Reiseführer gelesen hätte, wüsste er das alles. Hätte, hätte, hätte, und wenn er das nicht wüsste, geht heut Abend trotzdem die Sonne unter und die Weinflasche in S'Arenal auf. Es gibt eben unterschiedliche Sichtweisen auf die Insel. Frédéric Chopin und George Sand werden sich deshalb nicht im Grab umdrehen.

21. GRUND

Weil in Palma die schönsten Häuser bewundert werden wollen

Ende des vorletzten Jahrhunderts setzte sich fast überall in Europa der Jugendstil durch, auch in Palma de Mallorca. Kennzeichnend hierfür sind die dekorativ verspielten pflanzlichen Elemente, die sich zu Symmetrien fügen.

Palma weist sehr schöne Beispiele aus dieser Zeit auf. Hier sagt man »Modernismo« dazu. Als Beispiel sei Antoni Gaudí genannt mit seinem Jahrhundertbauwerk, der Sagrada Família in Barcelona. In Palma steht natürlich nichts Vergleichbares, aber doch Bemerkenswertes wie das einstige Grand Hotel an der Plaça Weyler, in dem heute die Stiftung der Bank La Caixa sitzt. Die üppige Ornamentik hebt den Luxus und den Reichtum dieses Hauses besonders hervor. Es ist inzwischen zum Weltkulturerbe ernannt worden.

Ihm gegenüber liegt die Bäckerei »Forn des Teatre«, in der man wunderbare Ensaimadas essen kann. Dem Ästheten sei dann gestattet, die Bäckerei von außen zu betrachten. Dazu setzt man sich am besten an einen der Tische, die vor der Bäckerei stehen, lässt sich auf einen Cortado – einen Espresso mit Milchschaum – und auf eine »Ensaimada de Mallorca« ein, ein Gebäck, das aus Teig, Milch, Zucker, Eiern, Hefe und Schweineschmalz besteht. Und wenn die Esaimada mit einer Schicht Puderzucker bestreut ist, ist man der Glückseligkeit nahe. Nach der oralen kann nun die optische Befriedigung kommen. Der Blick wendet sich dem Eingang zu, der eingefasst ist durch zwei Säulen, die mit einer Blumen- und Getreideornamentik auf gelblichem Untergrund ausgeschmückt und mit einer grüngefassten Dekoration eingebunden sind. Der Eingang verengt sich durch eine rechts- und linksseitige Auslagedekoration, die den Besucher auf die Leckereien vorbereitet, die die Bäckerei offeriert. Die Tür steht einladend offen. Über der Tür setzt sich die grün gefärbte Ornamentik fort, die die Schrift »Forn des Teatre« durch florale Formen umschließt. Darunter steht der Name Jaume Alemany, wohl der Name des Begründers der Bäckerei. Die von Ranken eingeschlossene 9 besagt, um welches Haus an der Plaça Weyler es sich handelt. Über dem Namensschild sitzt ein goldgefärbter Drache, der seine Schwingen hebt, sodass es den Anschein hat, er würde gerade von seinem Schild abheben. Das trägt den Schriftzug »HORNO« (Backofen). Aus dem Maul des Drachen sprießt eine grünliche pflanzliche Form. Rechts und links davon sind zwei Lampen, die das abendliche Szenario in ein sanftes, warmes Licht tauchen. Nach diesem Augen- und Magenschmaus kann man sich wieder gestärkt den Herausforderungen und Versuchungen der Großstadt Palma de Mallorca stellen. »Forn des Teatre« an der Plaça Weyler sei Dank. Und der Ästhet verlässt den Ort mit der bereits erwähnten Gewissheit, dass das Überflüssige das Wichtigste im Leben ist.

22. GRUND

Weil Hinweis- und Ortsschilder kriminelle Gelüste wecken können

In Deutschland gibt es merkwürdige Ortsnamen, so gibt es in Oberbayern Petting im Kreis Traunstein, im Saalekreis den Ort Pissen oder im Landkreis Cuxhaven Fickmühlen, in Portugal Fig da Foz, was auf Deutsch aber nur »Feigenblatt in der Flussmündung« bedeutet. In Wales heißt ein Ort Llanfairpwllgwynyllgogerychwyrndrobwilllantysiliogogogoch. In Frankreich in der Nähe der Pyrenäen liegt der Ort Condom. Alle diese Orte werden wohl mit ihren Ortsschildern ein Problem haben, da sie ihnen ständig abhandenkommen, weil Witzbolde es wohl für lustig halten, sich zu Hause so ein Schild an die Wand zu hängen. Dafür kann man kein Verständnis aufbringen.

Auf Mallorca gibt es solche Schilder nicht – zumindest entzieht sich dem Schreiber eine solche Kenntnis –, die ihre besondere Wirkung durch Zweideutigkeiten erhalten.

Der Reiz, von Mallorca ein Orts- oder Hinweisschild mitzunehmen, könnte darin liegen, ein Stück authentisches Mallorca mit nach Hause zu bringen. Was soll man schon mit einem Schild, auf dem »Palma 57« steht? Aber da würden die Freunde mächtig staunen und einen bewundern, wie man das geschafft hat. Der Wunsch wird immer zwingender. Wenn man nun wirklich meint, das klauen zu müssen, hat man ein kriminelles Potenzial in sich, denn diese Person stellt sich gegen die Gemeinschaft, die nun nicht mehr weiß, wie weit es bis Palma ist. Sie wird in Verzweiflung nach weiteren Schildern Ausschau halten, die einem dann endlich, endlich den Weg und die Entfernung sagen können. Wenn man nun aber doch dem bösen Drang nachgibt, obwohl einem der rechte Weg wohl bewusst ist, gibt es zunächst das Problem des Abbauens. Man braucht Werkzeug und sollte beim verabscheuungswürdigen asozialen Tun dabei unbeobachtet bleiben. Ist der kriminelle Akt geglückt, stellt sich nun nur noch die Frage: Wie kriegt man bei der Abreise so ein sperriges Schild in den Koffer und in das Flugzeug? Es als Handgepäck mitnehmen zu wollen ist dann ja wohl doch ein bisschen zu dreist oder naiv. Sollte wider Erwarten dieses debile Unternehmen klappen, ist das nächste Problem zu bewältigen. Was macht man zu Hause damit? Ja, okay, man hängt es in den Flur. Dabei weiß man doch ganz genau, dass Palma nun nicht mehr 57 Kilometer, sondern gute 2.000 Kilometer entfernt ist. Und das kann einen dann doch nur traurig stimmen. Also, was soll der Quatsch?

23. GRUND

Weil man sich an heißen Tagen in Drachenhöhlen abkühlen kann

Mallorca ist löchrig wie ein Schweizer Käse. Das liegt am Untergrund. Der besteht zum Teil aus kalkhaltigem Boden. Da Kalk in Wasser löslich ist, entwickelt sich daraus eine leicht säurehaltige Substanz, das Kalziumkarbonat, das über Millionen von Jahren gewaltige Höhlen und Seen hat entstehen lassen. Die »Cuevas del Drach« sind ein Beispiel dafür. Sie liegen in der Nähe von Porto Cristo und dort in 25 Metern Tiefe. In dieser Tiefe gibt es eine nahezu gleichbleibende Temperatur von 20 Grad Celsius. Eine gute Gelegenheit, an einem besonders heißen Tag solch eine Höhle zu besichtigen. Diese Idee haben natürlich auch andere und so werden scharenweise Touristen in Bussen herangefahren. Es ist aber alles so organisiert, dass man sich nicht ständig auf die Füße tritt.

Die Tropfsteine und unterirdischen Seen entstehen durch Sickerwasser. Die Stalaktiten und Stalagmiten, die sich zum Teil in der Mitte treffen und somit baumartige komplexe Bauwerke bilden, schaffen eine unwirkliche Atmosphäre, die an einen Zauberwald erinnert. Da dieser Prozess nur sehr langsam geschieht – ein Stalaktit braucht etwa 100 Jahre für den Aufbau von einem Zentimeter, ebenso der Stalagmit –, verändern sich die Dinge in einem unvorstellbar langen Zeitraum. Durch indirekte Beleuchtung wird der Zauber dieses Naturwunders noch besonders hervorgehoben. Und so steht der Besucher staunend still und ergriffen da, wenn ihm die weiteren Anwesenden die Möglichkeit dazu lassen, begreifend, dass er nur ein Staubkorn im Weltall ist. Am Höhlensee wird die Beleuchtung ausgeschaltet, absolute Dunkelheit umschließt den Gast. Plötzlich ziehen Geigenklänge durch den Raum. Lautlos nähert sich eine beleuchtete Barke aus der Dunkelheit. Auch wenn das schon tausendmal stattgefunden und sich professionelle Routine längst eingeschliffen hat, kann man sich der emotionalen Wirkung kaum entziehen. Von den Höhlenwänden werden die Klänge auf eigenartige Weise wieder zurückgeworfen. Das Licht von der Barke wirft flackernde Schatten an die Wand.

Danach schleicht der Gast aus der kühlen, zeitentrückten Höhle wieder in die Hitze des Tages. Beeindruckt blickt er noch einmal zurück und freut sich der Tage, die er auf dieser Welt noch verbringen darf.

24. GRUND

Weil Thomas Bernhard hier seine Monologe gehalten hat

Thomas Bernhard war ein österreichischer Schriftsteller, einer der bekanntesten und wohl bedeutendsten. Er bediente nie die Klischees, die die Welt von Österreich hat: Sachertorte, Fiaker, »Küss die Hand, gnä' Frau!«, Kaffeehaus, Schloss Schönbrunn, Sissi, Kaiser Franz Josef, »Servus!«. Besonders die konservative Gesellschaft des Landes hatte ihre Probleme mit ihm. Der Herr Haider wollte allen

Ernstes seine Theaterstücke verbieten lassen. So was passiert, wenn jemand einer Gesellschaft den Spiegel vorhält. Und doch bediente auch Bernhard ein typisches Vorurteil, das man den Österreichern nachsagt, die Sehnsucht nach dem Tod.

Thomas Bernhard hat einmal in den 80er-Jahren dem Österreichischen Fernsehen ein Interview auf Mallorca gegeben. Als *Monologe auf Mallorca + Die Ursache bin ich* ist es bekannt geworden. Die Reporterin Krista Fleischmann war von ihm so begeistert, dass sie sagte: »Ich habe viele berühmte Schriftsteller interviewt – Nobelpreisträger Böll, Grass und wie sie alle heißen –, doch niemand hat mich so fasziniert wie er.« Wenn man sich die Freude macht, sich diese Monologe anzuhören, die es auf DVD zu kaufen gibt, kann man diese Aussage verstehen. Da sitzt ein charmanter Herr, der selbstironisch, zynisch, melancholisch daherkommt. Nicht alles ist schlüssig, fordert auch Gegenpositionen heraus, aber das macht ihn ja gerade so interessant. Von sich selbst sagte er einmal: »Ich bin ein negativer Schriftsteller, aber gleichzeitig ein positiver Mensch. Dann kann mir nix passieren.« Sein österreichischer Tonfall unterstützt seine Wirkung auf Menschen noch. So sitzt er im Café in Port de Pollença am Hafen, geht durch Palma an der Kathedrale Le Seu vorbei. Dort kannte er sich aus.

Sein Leben lang litt er an Lungentuberkulose. Der schwarze Vogel des Todes, wie er sagte, setzte sich dann doch früh auf seine rechte Schulter, und der hatte schon eine richtige Kerbe hineingesessen, aber er hatte die Gewissheit, dass die Seele unsterblich ist. Seine Mallorca-Monologe sind unvergessen. Die Insel tat ihm gut. Es war für ihn ideal, hier herunterzufahren, wie er sagte. Es sei schön, in einem Land zu sein, dessen Sprache man nicht oder kaum versteht, weil man dann immer mehr hineintut, als wirklich ausgesagt wird.

25. GRUND

Weil man das Gefühl hat, Joan Miró über die Schulter zu schauen

Wer kennt ihn nicht, Joan Miró, der neben Picasso zu den berühmtesten Künstlern Spaniens gehört. Nach Aufenthalten in Barcelona und Paris zog Miró 63-jährig Mitte der 50er-Jahre nach Mallorca, genauer nach Cala Major, einem Vorort von Palma. Dort ließ er sich ein Wohnhaus und ein Atelier bauen. So konnte er endlich seinen Traum verwirklichen, eine große Werkstatt zu haben, um Platz zu haben für viele Leinwände, an denen er dann arbeiten konnte. Gestorben ist er 1983. Weil er Angst hatte, dass sein Atelier nach und nach verschwinden würde, denn um ihn herum nahm die Bautätigkeit wegen der beginnenden Touristenströme zu, vererbte er seinen Besitz der Stadt Palma, die daraus ein Museum machte. Hier findet man viele seiner Werke und Skulpturen. Manchmal ist man überrascht, wenn man die Originale sieht, die man sich auf Grund von Abbildungen oftmals viel kleiner oder größer vorgestellt hat.

Außerdem kann man in sein Atelier hineinschauen, es aber nicht betreten. So wirkt es wirklich so, als ob Joan Miró es gerade eben erst verlassen hat. Miró hat einmal gesagt: »Eines geht ins andere über. Alles bildet eine Einheit. Es gibt keine Domäne, die verschieden ist von anderen. Alles ist miteinander verkettet.«

Er wollte, dass seine Werke von kunstinteressierten Menschen wahrgenommen werden. Zur Fußballweltmeisterschaft in Spanien im Jahre 1982 entwarf er ein einprägsames Logo, auf dem ein großer roter Punkt zu sehen ist, der durch einen schwarzen Kreis eingerahmt wird. Dadurch scheint der rote Punkt besonders stark zu leuchten, möglicherweise eine Anspielung auf die Leidenschaft, mit der die spanische Sonne auf das Land brennt, und ebenso auf die Passion der Menschen für Fußball. Ein gelber Halbkreis umfasst den linken schwarzen Kreis, auf dem wiederum ein achtzackiger schwarzer Stern steht. Und damit auch jeder die Anspielung auf Spanien versteht, steht unter diesem Motiv in Großbuchstaben das Wort »España« mit farbigen Einfassungen der Buchstaben in Rot, Gelb und Grün. Es gehört zu den bekanntesten Plakaten von Miró. Heute benutzt das spanische Fremdenverkehrsamt dieses Motiv.

Die spanische Bank La Caixa benutzt ebenfalls ein Motiv von Miró für sich, einen blauen Seestern als Fünfstern mit einem gelben und roten Punkt. Der Seestern als Markenzeichen für Qualität, fünf Arme, fünf Finger, als Symbol für Erneuerungskraft, denn aus jedem abgetrennten Arm kann sich wieder ein neuer Seestern bilden. Ob das allerdings von der Bank so gemeint ist, ist nicht bekannt. Etwas Besonderes hat die Bank aber erreicht. An jeder Filiale kann man sich an dem Miró-Motiv erfreuen und das ist in der heutigen Zeit, wo die Banken in der Kritik stehen, doch etwas Positives.

Mirós Arbeiten sind weltweit gefragt. Sein teuerstes Bild ist für 29 Millionen Euro verkauft worden. Das ermuntert natürlich die Fälscher, sich seiner anzunehmen. Es ist davon auszugehen, dass 40 bis 50 Prozent der auf dem Kunstmarkt angebotenen Werke Fälschungen sind. Zu empfehlen ist daher, wenn man etwas von Miró mit nach Hause nehmen möchte, es bei einem Plakat, einem Becher oder einem T-Shirt zu belassen. Das bekommt man im Souvenirshop des Museums in Palma: Fundació Pilar i Joan Miró a Mallorca, C. Joan De Sarídakis, 29. Das ist billiger und man weiß, was man hat.

Wer in Palma nach Motiven von Miró sucht, findet gegenüber der Kathedrale, die Tiefgarage verlassend, eine überdimensionale Kachelwand mit Motiven vom Meister. Eine lebensgroße Skulptur befindet sich noch am Anfang des Boulevards Passeig del Born in der Nähe der Kathedrale.

Man kann trefflich darüber streiten, ob das Joan-Miró-Museum baulich gelungen ist. Fest steht aber, dass die dort gewonnenen Eindrücke nachwirken, auch noch, wenn man die wunderschöne Insel schon längst wieder verlassen hat.

26. GRUND

Weil die Insel verschüttete Kreativität wiedererweckt

Auf der Fahrt entlang der Küstenstraße im Gebirge zwischen Valldemossa und Soller bieten sich Ausblicke von unermesslicher Schönheit. Nicht ohne Grund hat sich der Ort Deià hier zu einer Künstlerkolonie entwickelt. Natürlich kann man diese Schönheiten fotografisch festhalten. Man erinnert sich an längst vergangene Zeiten, wo man einmal Bilder gemalt hat. Das war ein sinnliches Vergnügen. Die Insel weckt verschüttete Kreativität. Hier kann man seine ganz individuelle Sicht auf die Dinge zum Ausdruck bringen. Doch wie soll man das umsetzen, wenn man kein Equipment dabeihat? Wie stellt man eine Leinwand her? Oder, wo soll man sie kaufen? Da ist Fantasie gefragt. Überall in den Straßen stehen Container herum. Die meisten wirken so, als ob sie seit einem halben Jahr nicht mehr entleert worden sind, denn der Müll stapelt sich häufig auch vor den Containern. Bei entsprechender ausgiebiger Suche wird man dann irgendwann auch mal ein paar Latten oder Leisten finden, die man wunderbar zu einem Quadrat oder Rechteck zusammenbasteln kann. Jetzt fehlt nur noch die Leinwand. Dafür eignet sich ein Laken, das stramm gespannt auf das hölzerne Rechteck genagelt werden muss. Nägel, Hammer und Säge wird man im »Supermercado« kriegen. Ist das geschehen, braucht man nur noch die Farben. Anzuraten sind Acrylfarben, die trocknen schnell. Ölfarben dagegen brauchen ein Jahr, bis sie durchgetrocknet sind, außerdem haben sie einen intensiven Geruch. Acrylfarben bekommt man auch im »Supermercado«.

Einen Künstler in seinem Drange, sich ausdrücken zu müssen, treibt es nun nach draußen. Vor Ort muss das Bild entstehen, soll es denn authentisch werden. So wie die Impressionisten vor über 100 Jahren loszogen und sich in die Landschaft setzten. Es könnte ihn an den Badestrand drängen, um sein Bild zu verwirklichen. Dort muss er aber mit viel Aufmerksamkeit und mit Kommentaren der Beobachter leben.

Die Grundierung trägt er mit einem Werkzeug auf, mit dem man die Farbe auf- und glattstreicht. Das geht am besten mit einer schmalen Holzleiste oder einem etwas breiteren Ast von einer Aleppokiefer. Um das Laken in seiner Textur noch etwas wirken zu lassen, sollte man nicht alles mit Farbe zukleistern. Als Grundierungston eignet sich ein helles Grau. Die Farbe aus der Tube direkt auf den Untergrund geben, trocknen lassen, oder, wenn beabsichtigt, direkt die Leinwand in den Sand legen. Das erzeugt später beim Betrachter einen direkten Zugang zum Bild. Pflanzenreste und sonstige Teile, die man am Strand findet, kann man integrieren. Spätestens jetzt muss sich der Künstler entscheiden, will er ein abstraktes oder konkretes Bild herstellen. Da meistens kein filigranes Werkzeug wie Pinsel oder Spachtel zur Hand ist, kann er mit Holzresten oder auch mit der bloßen Hand sein Bild entstehen lassen. Bei dieser Vorgehensweise bietet sich doch eher ein ungegenständliches Thema an. Das hat auch den Vorteil, dass die ungebetenen Zuschauer nicht zu der Aussage kommen können: »Kuck mal, Papa, dat sieht ja ganich wie in echt aus. Dat kann Nicol auch, ne? Nicol, komm ma her, dat kannst du doch, ne?« Aber ein großer Geist lässt sich durch so was nicht kleinkriegen. Da die mallorquinische Sonne dafür sorgt, dass die Farben schnell trocknen, besteht die Möglichkeit, mehrere Schichten von Farbe, Sand und Müll aufzutragen. Wenn das Produkt am Ende dem Künstler noch nicht gefällt, weil es nach seinen Vorstellungen immer noch zu wenig Natur hat, könnte er das Bild eingraben oder an einer schwer zugänglichen Stelle ins Meer hängen, befestigt an einem stabilen Seil oder einem Draht, wo es von anderen nicht gefunden und von der Strömung nicht weggerissen werden kann. Dort kann das Bild reifen und sich mit den Kräften der Natur auseinandersetzen.

Nach 14 Tagen könnte man mal wieder nachsehen, ob die Natur aus dem Werk ein Kunstwerk gemacht hat. Wem das immer noch nicht ausgereift erscheint, der kommt im nächsten Jahr wieder und sieht nach, was die Natur noch übrig gelassen hat. Vielleicht entstehen ja so Bilder, die die Welt noch nicht gesehen hat und die einmal bekannt werden unter dem Sammelbegriff »Die Lakenbilder von Mallorca«.

27. GRUND

Weil man sich Patios in Palma ansehen kann

In Palma hat man in der Altstadt die Möglichkeit, Patios zu bewundern, Innenhöfe reicher Kaufleute, die so ihren Reichtum zeigen konnten und es auch noch heute tun. Bis ins 18. Jahrhundert fand in den Patios das öffentliche Leben statt. Hier wurden Geschäfte abgewickelt und es wurde gefeiert. Heute sind nur noch einige öffentlich zugänglich wie der Innenhof der Handelskammer in der Carrer Estudi General Nummer 7.

Wer nicht über das Fremdenverkehrsamt des Rathauses von Palma eine geführte Besichtigung vereinbaren möchte, geht am besten in eines der Fremdenverkehrsbüros in Palma. Dort erhält man Informationen beziehungsweise einen Plan mit der Lage der bedeutendsten Patios. Diese sind durch Gittertore von der Öffentlichkeit abgetrennt. Einen Blick darf man trotzdem hineinwerfen. In der Mitte wird man einen Brunnen finden, denn zu einem befriedigenden Leben in dieser Stadt gehört plätscherndes Wasser einfach dazu. Hier fällt das Wasser nicht einfach so vom Himmel wie im Norden der Welt, hier weiß man um seine Kostbarkeit. Es ist hier nicht selbstverständlich.

Wenn es keinen Brunnen gibt, so hat man unterirdische Auffangbecken, Zisternen, die das Wasser für die heiße Jahreszeit sammeln. Die Dächer sind von der Größe so berechnet, dass sie so viel Wasser auffangen können, wie man braucht, bis es im Herbst allmählich zu regnen beginnt. Der erste Regen wird noch nicht aufgenommen, da sonst verschmutztes Wasser vom Dach in die Zisterne kommt. Dann wird das Wasser gesammelt. Wenn sauberes Wasser im Dunklen gelagert wird, bleibt es monatelang brauchbar. Wasser hat einen hohen Wert, genauso wie der Schatten, der im Zusammenspiel mit dem Wasser eine angenehme Kühle ausstrahlt. Das sind die wahren Glückseligkeiten in diesen Breiten.

Eine Vielzahl von beeindruckenden Herrenhäusern findet man in der Carrer de la Portella in unmittelbarer Nähe der Kathedrale. Und so steht der Betrachter andachtsvoll vor einem schmiedeeisernen Tor, hinter dem sich der Patio zum freien Himmel hin öffnet, wo Halbbögen das Gebäude vom freien Hof abgrenzen. Hinter den Arkaden schließt sich ein Bogengang an, von wo man zu den Räumen des Hauses kommt. Eine dominierende Treppe führt von dort in einem geschwungenen Bogen hinauf in das obere Stockwerk, wo der Besitzer des Hauses seinen Bereich hat. Im gepflasterten Hof stehen Terrakottakübel und Krüge, in denen kleine Palmen, Zitronen- oder Orangenbäume eingepflanzt sind. In der Luft hängt der Duft der mediterranen Flora. Zikaden geben ihr Konzert dazu. Zieht eine aus Marmor geformte Schönheit mit ihrem hingegossenen Luxuskörper am Aufgang zur Treppe die Aufmerksamkeit des Auges auf sich, befindet man sich im Eingang zum Museo Can Morey de Sanmarti, in dem Grafiken von Salvador Dalí ausgestellt sind. Der fühlende Besucher wird befriedigt sein, denn er hat wieder eine Kostbarkeit dieser Insel wahrnehmen dürfen. Und er hat noch nicht mal etwas dafür bezahlen müssen. Ja, die besten Dinge des Lebens sind frei. Es bedarf nur manchmal der Anstrengung, sich von den ausgetretenen Wegen zu entfernen. Dann gibt es auf der Insel sehr viel zu entdecken.

28. GRUND

Weil Graffiti nicht immer ein Ärgernis sind

Graffiti sind ein Ärgernis, nur lästige Schmierereien an Haus- und Lagerwänden, die einem zwar ins Auge springen, aber ein Gefühl erzeugen, dass unsere Gesellschaft mehr und mehr im Begriff ist zu verwahrlosen. Graffiti sind ohne Genehmigung in den öffentlichen Raum gestellt, also anonym gefertigt. In den meisten Fällen werden die Farben mit Sprühdosen aufgetragen. Einer, der das tut, ist ein Sprayer. Sein Handeln ist ungesetzlich, also kriminell. Wenn seine Graffiti überhaupt eine Aussage haben, so sind sie oft eher banal. Buchstaben und Zahlen werden als Grundelement benutzt und verfremdet, meistens ohne jede Ästhetik – pubertäres Gehabe, das den Leuten zeigen soll, dass man lebt, vergleichbar mit einem Hund, der durch sein Urinieren an die Häuserecken sein Revier absteckt. Das Entfernen von Graffiti ist sehr aufwendig und teuer. Solche Erscheinungen sind weltweit zu beobachten, auch auf Mallorca.

Nur selten wird diese Form des Ausdrucks als Kunst wahrgenommen. In Son Servera ist das so. Am Platz zwischen den beiden Supermärkten am Ausgang der Stadt gibt es auf zwei Ebenen Parkplätze. Sie sind getrennt durch eine Betonwand. Diese schreit geradezu danach, mit Graffiti bedient zu werden. Das ist natürlich auch geschehen. Die sind aber mit Überlegung und so akkurat gefertigt, dass man annehmen kann, dass es sich um Arbeiten handelt, die von der Gemeinde oder von wem auch immer in Auftrag gegeben worden sind.

Da ist ein Pfau zu sehen, der eitel sein Rad schlägt. Es besteht aus 50- und 100-Euro-Scheinen. Auf seinem Kopf trägt er einen schwarzen Hut.

Eine Schnecke zieht einen Wagen, der ein Rad aus einer Euromünze hat und beladen ist mit Goldstücken, einem US-Dollar- und einem Euro-Geldsack. Es gibt keinen Fahrzeugführer, der Wagen wirkt zerbrechlich, die Straße ist steinig und unbefestigt. Sie führt zu einem Haus, auf dem eine typische mallorquinische Windmühle steht.

Ein blonder Junge bückt sich. Es hat den Anschein, als wenn er etwas aufheben will. Rechts davon bewegen sich an Dalí erinnernde Monsterwesen in Richtung auf den Jungen zu.

An einer Häuserwand auf dem höher gelegenen Parkplatz ist ein Kriegsszenario dargestellt, verzweifelte Menschen, die durch Soldaten bedroht werden. Darüber steht: »Las 2 caras de la guerra ...« (Die zwei Gesichter des Krieges).

Auf der Rückseite des Gebäudes sieht man ein Kind, das »Himmel und Hölle« spielt.

An der Stirnseite des Hauses will eine riesige Hand mit einer Gabel in etwas hineinstochern. Jemand hat dazu geschmiert »Hijos de puta« (Hurensöhne).

Ober- und unterhalb der Parkplätze liegen Konsumtempel. Man könnte auf den Gedanken kommen, dass der hier gerade mit seinem Auto angekommene Mensch, in der Absicht, einzukaufen, sich so seine Gedanken machen sollte über die Zustände in der Welt und über sein Verhalten, so nach dem Motto: Heute mach ich mir mal nichts zu essen, heute mach ich mir mal Gedanken.

29. GRUND

Weil man sich auf seinen Urlaub vorbereiten kann

Man kann seinen geplanten Mallorca-Urlaub dahingehend vorbereiten, dass man bei der heimischen Volkshochschule einen Spanischkurs belegt. Da ein spanischer Sprachkurs nicht direkt einen Zugang zur mallorquinischen Sprache bringt, wie an anderer Stelle erwähnt, weil Spanisch mit der mallorquinischen Sprache so viel gemein hat wie Holländisch mit dem Hochdeutschen, kann man sich der mittelmeerländischen Kultur volkshochschulmäßig auch anders nähern. Was macht man da am besten? Man könnte einen Tanzkurs belegen: »¡Bailar!« Da bekommt man Einweisung in die Salsa, die ihre Ursprünge in den Tänzen Mambo, Cha Cha Cha und Rumba hat. Dieser Tanz vermittelt ein Lebensgefühl, das ansteckend sein soll. Insofern ist es eine ideale Vorbereitung auf Mallorca, da man dann im Sommer vor Ort vorbereitet ist, seiner Lebensfreude einen neuen Ausdruck zu geben, unterstützt durch entsprechende Musik über Kopfhörer aus dem CD-Player. Mitzubringen für den Kurs sind flache, bequeme Schuhe und, wenn es geht, ein Partner. Aber wenn der nun gar nicht für so was zu haben ist, kann man auch allein kommen.

Oder vielleicht einen tänzerischen Fitnesskurs machen? Zumba zum Beispiel? So kann man überflüssige Pfunde ganz einfach wegtanzen, seinen Körper kräftigen und seine Kondition verbessern. Das könnte für einen Tag am Strand im nächsten Sommer doch ganz förderlich sein.

Was ist mit spanisch Kochen? Paella, Tapas machen, spanischen Wein trinken, der schmeckt auch in nördlichen Breiten. »Una buena comida vale más que míl palabras.« Ja, ein gutes Essen ist mehr wert als tausend Worte.

Oder was ist mit Singen? Singen auf Spanisch! Notenkenntnisse sind nicht erforderlich, einfach eintauchen in die Hispanokultur. Auch Meditations-, Yoga- oder Jin-Shin-Jyutsu-Kurse sind eine hervorragende Einstimmung auf den Urlaub. Sich so vorbereitet ins Tramuntanagebirge begeben, auf den Puig Major setzen oder zum Kloster Lluc fahren und abschalten, eine Stunde meditieren, ganz kostenfrei zu sich selbst finden.

30. GRUND

Weil man die »Verordnung für zivilisiertes Zusammenleben« nicht allzu ernst nehmen sollte

Der Stadtrat von Palma hat nun die »Verordnung für zivilisiertes Zusammenleben« verabschiedet. Wer gegen diese Verordnung verstößt, muss mit Bußgeldern rechnen. Vorgesehen sind Beträge bis zu 400 Euro. Da wird man doch als gesetzestreuer Urlauber unsicher. Was darf man denn ab jetzt nicht mehr tun?

Also, keine sexistischen, rassistischen, ausländerfeindlichen Äußerungen, nicht auf der offenen Straße seine Notdurft verrichten, nicht die Hundekacke des eigenen Hundes liegen lassen, nicht auf die Straße spucken, kein Kaugummi ausspucken, nichts mutwillig zerstören, nicht in der Öffentlichkeit in Parks, auf Bänken usw. schlafen, nicht nackt herumlaufen oder im Bikini oder Badehose den Passeig del Born auf und ab laufen. Nicht in der Öffentlichkeit mit anderen saufen, nicht Glasflaschen und Gläser mit an den Strand nehmen, keine spontanen Wettkämpfe sportlicher Art machen, die andere stören könnten, keine Massagen am Strand verabreichen. Wer diesen Dienst in Anspruch nimmt, macht sich auch schuldig. Das Anbandeln mit Prostituierten ist verboten, straffällig macht sich der Freier, nicht die Prostituierte. Straßenkünstler, also Musiker, Clowns, Maler, Jongleure, sollen strenger beobachtet werden. Fliegende Händler, die keine Genehmigung haben, machen sich strafbar – wer bei ihnen kauft, auch.

Meine Güte, da haben sich die Volksvertreter aber was vorgenommen. Man ist gespannt, wie das alles umgesetzt wird. Und vor allen Dingen, wer soll das kontrollieren?

Nun ist die Stadt dabei, mit einer Kampagne in nächster Zeit die Menschen zu informieren. Da werden manche Touristen wohl sagen: »Oh, Mann, nichts darf man mehr machen. Alles wird einem verboten. Ist ja wie im Gefängnis. Da fahr ich doch lieber nach Sylt, da kann ich wenigstens nackt rumlaufen, ohne dass es irgendeinen stört.«

Am Ende wird wohl wieder alles so ausgehen wie immer, es bleibt alles so, wie es war. Die Touristengruppe, die da am ehesten angesprochen werden soll, wird das wohl wenig berühren.

Verständlich, dass die Mallorquiner ein weiteres Ausufern verhindern wollen, vor allem in Anbetracht der »Ballermann'schen Ausschweifungen« in Richtung Magaluf, wo es die Engländer wohl noch derber treiben. Eine Verordnung für zivilisiertes Zusammenleben wird da wenig nützen. Entweder ist man zivilisiert oder man ist es nicht. Eine Verordnung über das Einschränken von immer mehr Bettenburgen und Ferienressorts wäre da wohl sinnvoller.

31. GRUND

Weil Christoph Kolumbus auf Mallorca geboren wurde

Christoph Kolumbus ist der Entdecker der Neuen Welt. In Italien heißt er Cristoforo Colombo, in Spanien Cristóbal Colón, auf Mallorca Cristòfol Colom und in Portugal Cristóvão Colombo. Er wurde in Italien geboren, genauer in Genua um 1451. So steht es in den Geschichtsbüchern.

Die Asociación Cultural Cristóbal Colón stellt das aber seit einigen Jahren infrage und hat dafür gute Argumente gefunden. Sie haben intensive Nachforschungen betrieben und wollen nachweisen, dass Kolumbus 1460 in Felanitx auf Mallorca als leiblicher Sohn von Don Carlos, einem Bruder des Königs Ferdinand dem Katholischen von Spanien, und der Mallorquinerin Margalida Colom geboren worden ist. Auf seiner dritten Fahrt in die Neue Welt kam er an die venezolanische Küste und benannte viele Orte in seiner Sprache: der mallorquinischen. Mit dem Namen seiner Mutter taufte er eine Insel »Margalida«.

Nachlesbar ist das in den Originalkarten von seiner Überfahrt, die heute in den Archiven von Sevilla und Simanca liegen und in Kopien in einer Ausstellung zu sehen sind. Auf dem Weg zwischen Campos und Felanitx, kurz vor Felanitx, liegt auf der rechten Seite ein Restaurant, das sich »Son Colom« nennt. Im selben Gebäude ist eine Dauerausstellung: »Christoph Kolumbus und Mallorca«. Geöffnet ist dort von Dienstag bis Sonntag von 8 bis 17 Uhr. Man erfährt dort einiges Neue, so zum Beispiel, dass die europäischen Entdecker nicht nur Not, Elend und Geschlechtskrankheiten nach Amerika gebracht haben, sondern auch Pferde, Reis, Kaffee, Äpfel, Melonen, Zitronen, Oliven, Orangen, Brombeeren, Schafe, Birnen, Radieschen, Weizen, Weintrauben, Mandeln, Kirschen und Kühe. Und da das Leben keine Einbahnstraße ist, brachten die Entdecker von dort Kartoffeln, Kakao, Bohnen, Papayas, Peperoni, Ananas, Mais, Avocados, Tabak und Truthähne mit. Der eine lernt vom anderen und umgekehrt.

Ein weiteres Bild zeigt Christoph Kolumbus vor dem Thron der spanischen Königin Isabella I. von Kastilien. In der rechten Hand hält er eine Karte von der Neuen Welt, an der linken führt er eine schöne, fast nackte Indianerin vor. Ein Diener im Vordergrund hält der Königin devot die mitgebrachten Schätze hin. Wer noch mehr eintauchen will in die Vorstellung, dass Kolumbus Mallorquiner war, kann sogar sein angebliches Geburtshaus »Son Ramonet« in Felanitx besuchen.

Bei so viel Aufregung über die Neuschreibung der Geschichte kann man schon mal ganz verwirrt mit einem Riesenknall gegen die Glaswand des Museums taumeln und sich dann doch glücklich schätzen, dass die Wand und der Mensch ohne weitere Verletzungen davongekommen sind.

32. GRUND

Weil das Fernsehen seine Wichtigkeit verliert

Der rote Sonnenball verschwindet langsam hinter den Bergen und färbt den Himmel in ein dunkles Rot. Der Swimmingpool spiegelt dieses Naturwunder wider. Sich träge von der Liege wälzen und in die Finca gehen, wo die Freunde schon das leckere Abendmahl bereitet haben. Der Blick in den Kühlschrank lässt einen beruhigt feststellen, ja, Wein ist im Haus. Der Hierbas liegt im Eisfach. Den Fernseher einschalten. Das Fußballländerspiel kann losgehen.

Der Bildschirm zeigt aber nur schwarz-weißes Gewusel. Acht Fernbedienungen liegen nebeneinander vor dem Gerät, aber keine kann ein Bild auf den Bildschirm zaubern. Der angeschlossene »Satellite TV Receiver« von Grundig hat eine Beschreibung in Español. Na, mal sehen. Das »Front panel« auf »On« stellen. Dann die Taste mit dem Pfeil drücken. Es erscheint ein Bild, hurra! Das Erste ist nicht zu empfangen, dafür aber das Zweite. Da läuft eine Schmonzette, umgangssprachlich ausgedrückt, ein wenig geistreiches Werk oder albernes minderwertiges Erzeugnis. Es gibt noch 1.322 weitere Kanäle. Mal sehen, irgendwo wird das Länderspiel ja wohl zu sehen sein. So kommt man zu den Sendern: *Liebesglück, Gay boy live, France 1, Singletreffen, RAI, Sexflirt TV, FlirtenTV, Beate Uhse sexy, WDR, Sexycat, Al Jazeera oder NDR Nord Hamburg.*

Na gut, dann eben nicht. Man kann sich ja auch mal so unterhalten.

In den Spätnachrichten der *heute*-Sendung erfährt man dann doch noch, dass die Nationalmannschaft ihr Spiel überlegen gewonnen hat. Na bitte, man muss ja nicht immer dabei sein. Darauf einen trinken. Hierbas auf den Tisch.

Und dann gibt es noch einen Spielfilm, den man schon zum xten Mal gesehen hat, der aber immer wieder schön ist. Nur heißt er hier *Bailando con lobos* (Der mit dem Wolf tanzt) und wird vom spanischen Fernsehen im Original ausgestrahlt, in Englisch und Indianisch. Und so reitet Kevin Costner als John Dunbar mal wieder durch die endlosen Weiten der Prärie den Indianern entgegen, wobei sein Englisch von spanischen Untertiteln begleitet wird und das Indianische ebenfalls. Und der niedliche Indianerjunge guckt wieder so süß. Und der Betrachter lernt zum xten Mal, dass »Tatonka« der indianische Name für Büffel ist, und ebenfalls lernt er, dass synchronisierte Filme einen Teil ihrer Seele verlieren.

KAPITEL 3

FREIZEIT UND SPORT

33. GRUND

Weil man den Golfern beim Backswing und beim Einputten zusehen kann

Allein aus Deutschland kommen über drei Millionen Urlauber pro Jahr auf die Insel. Alle haben sie unterschiedliche Interessen: Baden, Sonnen, Wandern, Rad fahren, Essen, Trinken und so weiter. Eine besondere Gruppe kommt wegen des Golfens hierher. Auch wenn man mit Golf wenig oder gar nichts am Hut hat, kriegt man doch so einiges von diesen Menschen aus der Parallelwelt mit. Das beginnt schon auf dem Flughafen, wenn man seine Koffer vom Laufband stemmt. Da fast alle Koffer inzwischen schwarz sind, ergibt es Sinn, ein individuelles Zeichen daran anzubringen. Ein rotes Bändchen am Griff vielleicht. Nur dumm, wenn fast alle anderen das Gleiche gedacht und gemacht haben. Manchmal kann es sein, dass aus der Gleichförmigkeit der Koffer mal etwas Besonderes herausragt, wie zum Beispiel eine Golftasche mit Schlägern. Danach greift meistens ein grauhaariger Weltbürger mit leichtem Bauchansatz, der bestimmt fast alle Golfplätze von Kapstadt bis Sülfeld kennt. Er weiß, was ein »Hole-in-one« ist, hat auch schon mal einen »Eagle« oder »Albatros« geschlagen. Ist immer darum bemüht, sein Handicap zu verbessern. Deshalb wird man ihn auch nicht am Strand von Alcudia oder im Café in Valldemossa sitzen sehen. Er nimmt weltmännisch seine Golfutensilien vom Band und zieht mit seinen Kumpanen von dannen. Das bestellte Taxi wartet bereits vor der Flughafenhalle und wird die Gruppe schnellstmöglich zu dem Platz ihrer Begierde bringen, zu einem der insgesamt 23 Golfplätze der Insel, sieben im Westen, zwei im Norden, fünf im Osten, vier im Süden und fünf bei Palma. Der Golfurlauber ist gerne gesehen auf der Insel, denn er gehört zu den gebildeten Geldbringern, weiß sich zu benehmen und fällt nicht sonderlich auf.

Natürlich könnte jeder Normaltourist auch auf diesen Plätzen spielen, aber Voraussetzung für den Eintritt ins Paradies ist die Platzreife, also der Nachweis, dass man in der Lage ist, ohne dabei den Rasen zu zerpflügen, sich halbwegs vernünftig auf dem Platz zu verhalten. Aber das kann man lernen. Wer sich dadurch nicht abschrecken lässt, kann auf der Driving Range und dem Übungsgreen seine Reife entwickeln und erwerben. Hat man es dann bis zur Platzreife geschafft, darf man den heiligen Rasen der Anlage betreten und für eine Runde, das sogenannte Greenfee, mindestens 100 Euro abdrücken.

Wenn ein Golfer das jetzt liest, sollte er nicht zornig werden, denn ein zorniger Golfer kann sich nicht kontrollieren und das ist nicht gut für das Spiel. Mark Twain hat einmal gesagt: »Golf spielen ist ein Spaziergang mit Ärgernissen.« Ob er recht hat, können nur Golfer ermessen. Die anderen Urlauber werden wohl eher denken: Oh, was könnte ich nicht alles für 100 Euro kaufen. Man sollte aber bedenken, dass man für eine Eintrittskarte zum Stierkampf unter Umständen mal eben locker bis zu 180 Euro bezahlen darf. Der Wert der Dinge liegt eben immer im Auge des Betrachters.

Und so liegt der nichtgolfende Urlauber am Strand von Cala Millor, wandert durch das Tramuntanagebirge, strampelt auf dem Rad durch das Innere der Insel und genießt eine Paella mit einem Glas Wein.

Wer wirklich was über die Golfsüchtigen wissen will, sollte *111 Gründe, Golf zu lieben* lesen, erschienen bei Schwarzkopf & Schwarzkopf.

34. GRUND

Weil man Squash an der frischen Luft spielen kann

Squash fristet auf Mallorca ein Schattendasein, wäre wohl auch gar nicht anders möglich: Geht nur im Schatten, sonst könnte es sein, dass man gesundheitliche Probleme kriegt. Darauf haben sich einige Hotels auf der Insel eingestellt und bieten Squash-Courts an, die nach oben offen sind, sich also nicht in einer Halle befinden, sodass man Squash »outdoors« spielen kann. Squash an der frischen Luft, das wäre doch mal was. Na egal, wie auch immer, man muss schon ganz schön weit weg vom »Mainstream« sein, beziehungsweise eine echte Macke haben, wenn man nach Mallorca fährt und dort ernsthaft in Erwägung zieht, Squash zu spielen. Aber wenn man einen guten englischen Freund hat, der auch noch dem Klischee entspricht, das man von einem Engländer hat: rote Haare, Sommersprossen, weiße Haut, und der nur bei Betrachtung der Sonne sofort anfängt, sich wie ein Hummer zu häuten, ja, so einem Menschen kommt dann schon mal die Idee, mitten im Urlaub seinen merkwürdigen englischen Sportarten nachzugehen, die man nur in Räumen betreiben kann: Snooker, Darts oder Squash, wo man mit einem Schläger einen kleinen Gummiball an die Wand spielen muss und der Gegenspieler versucht, ihn so lange zurückzuschlagen, bis einer von den beiden einen Fehler macht. Dabei kommt man kräftig ins Schwitzen. Das würde natürlich auch ohne Anstrengung am Strand passieren, aber hier hat man wenigstens das gute Gefühl, dass man sich bewegt hat. Man fühlt sich gut, denn das weiß man ja von seinem Hausarzt, der immer sagt: »Bewegung ist die beste Lebensversicherung!« Das Spiel birgt Gefahren, denen man am Strand nicht ausgesetzt ist. Wird man vom Ball getroffen, ergibt das kreisrunde Blutergüsse. Mit dem Schläger am Kopf getroffen zu werden, kann zu Platzwunden, Kieferbrüchen oder Augenverletzungen führen. Zu stürmisches Laufen und plötzliches Abstoppen stellt die Knie vor große Probleme, führt zu Miniskusschäden. Die Bandscheibe leidet, und wer sich dabei mal einen Fersensporn zugezogen hat, weiß, wie schmerzhaft der ist. Aber das hält einen Besessenen dieser Sportart nicht davon ab, sie trotzdem weiter zu betreiben, natürlich auch auf Mallorca. Aber vielleicht ist dieses extreme Auspowern ja auch dafür gut, dass man am Ende völlig fertig ist und nur noch den Wunsch hat, ein riesengroßes Bier zu trinken. Da schmeckt sogar das spanische Bier. Genuss muss eben erarbeitet werden, den kriegt man nicht geschenkt. Das ist doch ganz was anderes, als wenn jemand ein unverdientes Bier trinkt im Schatten einer mit Palmwedeln gedeckten Strandbar mit Blick auf das azurfarbene Meer, das ganz, ganz leise plätschernd auf den Strand ausläuft, während er die salzige warme Luft einatmet und denkt: Was gibt es doch für Idioten, die jetzt meinen, Squash spielen zu müssen.

35. GRUND

Weil Petermännchen zwar gemein, aber äußerst delikat sind

Das Petermännchen ist ein Fisch. Es kommt im Mittelmeer vor und vergräbt sich in seichten Gewässern im Meeressand, nur die Augen schauen hervor. Auf seinem Rücken befinden sich Giftstacheln. Tritt man auf ihn, ist der Stich außerordentlich schmerzhaft und führt zu Gewebeschwellungen, Übelkeit, Schweißausbrüchen, Kreislaufbeschwerden und im Extremfall sogar zum Tod. Falls kein Arzt in der Nähe ist, sollte man die Wunde vom Stachel befreien und den Fuß in möglichst heißes Wasser eintauchen und versuchen, das Gift auszustreichen. Da der Fisch zu den gefährlichsten Gifttieren Europas gehört, sollte ein Arzt schnellstmöglich aufgesucht werden. Petermännchen! Was für eine Name für so einen giftigen Fisch!

Der Fisch ist essbar, schmeckt sehr delikat. Wer von so einem Monsterfisch gestochen worden ist, sinnt auf Rache. Das Schönste wäre es doch dann, diesem Wesen den Garaus zu machen, es zu töten und zu vertilgen – also zu essen. So eine Kreatur kauft man am Besten auf dem Markt. Da heißt sie Aranya.

Wenn man sie dann endlich in seiner Küche hat, was dann?

Vorstellbar wäre, unter leichtem Grinsen genüsslich den Fisch zu zerteilen, vor allen Dingen dabei seine gefährlichen Giftstacheln zu entfernen und diese mit einer Geste des Abscheus in den Orkus des Mülleimers zu schmeißen. Ganz besonders Nachtragende könnten diese Stacheln zum Austrocknen in die heiße Sonne legen und sie dann zu Hause aufs Fensterbrett legen. Da kann man dann später genüsslich von seinem Abenteuer erzählen.

Ja, was soll nun mit dem Fisch passieren, der jetzt so jämmerlich, als könnte er kein Wässerchen trüben, auf dem Küchentisch liegt?

Vorzuschlagen wäre eine Fischsuppe, hier mal genannt: »Die Hinrichtung des Petermännchens, mit Beigaben von mediterranen Köstlichkeiten verkocht, bestimmt zur anschließenden Vertilgung durch den Geschädigten«.

Das Petermännchen sollte nicht allein bleiben, weitere Fischsorten sind anzuraten, mundgerecht geschnitten. So wichtig ist das Petermännchen dann auch wieder nicht. Muss ja nicht zum Mittelpunkt gemacht werden, sonst bildet sich dieser Fisch noch etwas darauf ein. Das geht gar nicht.

Also zurück zur Fischsuppe, was noch? Na, eben das Übliche. Die verschiedenen Fischsorten in Olivenöl, Knoblauch, Tomaten, Zwiebeln gar kochen. Aufpassen, die Fische sind unterschiedlich, können weich- oder festfleischig sein. Das hat Auswirkungen auf die Garzeit. Wer Genaueres über die Zubereitung wissen will, sollte in entsprechenden Kochbüchern nachschlagen.

Was muss jetzt noch gesagt werden?

Ja, Rache ist keine gute Eigenschaft, aber wenn sie so kulinarisch zubereitet daherkommt, dann sei diese menschliche Schwäche doch einmal verziehen. Mit einem mallorquinischen Wein wird man auch wieder seinen Frieden finden mit dem Petermännchen.

Oder man wird weise und zieht sich das nächste Mal beim Baden Badeschuhe an.

36. GRUND

Weil man kein Nacktrodeln veranstalten kann

Der Mensch möchte gerne unterhalten werden, denn er sucht Zerstreuung und Ablenkung von sich und seinen Problemen. Deshalb ist Unterhaltung gefragt. Dabei kommen die Veranstalter auf die skurrilsten Ideen: Schlammfußball, Luftgitarrenspielen, Zwergewerfen, Frauentragen oder Nacktrodeln. Das Letztere veranstaltet man im Februar im Harz und in Sachsen-Anhalt, davon ausgehend, dass es zu dieser Zeit in den Orten schneesicher ist und es bei dieser Wetterlage genug Voyeure gibt, die sich das ansehen wollen, beziehungsweise dafür Eintritt zahlen.

Solch eine Veranstaltung lässt sich natürlich so nicht auf Mallorca übertragen. Aber was für eine Veranstaltung auf ähnlichem Niveau ließe sich auf Mallorca durchführen? Das muss man mal in Ruhe durchdenken: Tomatenschlacht mit 100.000 Tonnen Tomaten, Stierrennen, barfüßig Weintrauben stampfen, Klippenspringen oder Olivenkernweitspucken?

Nein, nein, das gibt es schon irgendwie und -wo auf der Welt. Wie wäre es denn mit: »Wer-schafft-es,-als-Erster-zum-Strand-zu-laufen-und-dort-aus-seinem-Micky-Maus-Kostüm-herauszukommen-und-nackt-ins-Mittelmeer-zu-springen?« Der Titel ist ein wenig sperrig, daran müsste man noch feilen und über das Niveau muss jetzt auch nicht diskutiert werden.

Die Wetterlage im Sommer wird der Veranstaltung wohl nicht entgegenstehen. Die Dschungelkönigin aus Leipzig könnte man einladen; um das Ganze international aufzupeppen, könnte man versuchen, den englischen Busenstar Katie Price für diese Veranstaltung zu gewinnen. Da wären die Engländer schon mal komplett dabei. Die Spielregeln sind klar, eine vorgegebene Strecke im Micky-Maus-Kostüm laufen und dann am Strand raus aus den Klamotten und ab ins Mittelmeer. Das versteht jeder. Am Ende wird die schnellste zur »Miss-Minnie-Maus-Mallorca« gekürt. Ein Start beim »Oberbayern« in S'Arenal ist vorstellbar, und damit der Spaß nicht zu schnell vorbei ist, eine Runde um den Häuserblock laufen, die Carretera Arenal entlang, beim Burger King vorbei, zur Carrer Llaüt und bei der nächsten Gelegenheit wieder zum Strand abbiegen, aber, Vorsicht!, die Carretera Arenal ist befahren, nicht, dass am Ende noch ein Unglück passiert. Endlich am Strand angekommen, müssten dann die Damen schnellstmöglich in die Fluten des Mittelmeeres eintauchen.

Eine Veranstaltung für Männer wäre auch vorstellbar. Die müssten natürlich für sich starten und könnten ein »Nackt-Rodeo« am Strand veranstalten. Das Interesse der Massen und der Medien wäre ihnen sicher. Ob das Ganze geschmackvoll ist, ist eine andere Frage. Andererseits, die Insel hat schon so viel erlebt, das wird sie auch noch überleben. Bestimmt!

37. GRUND

Weil man hier wunderbar fotografieren kann

Die schönsten Postkartenmotive auf der Insel sind gleichzeitig auch die überlaufensten Ausflugziele. Dazu zählt unter anderem das Cap Formentor an der Nordspitze, aber auch die Cala de Sa Calobra, die einzige mit dem Auto zu erreichende Bucht an der Nordwestküste. Daher ist es wichtig, zur richtigen Tageszeit zu fahren, also entweder frühmorgens oder abends. Die Fahrt über 15 Kilometer gut ausgebaute Haarnadelserpentinen ist schon ein Erlebnis. Da die Touristen zu diesen Zeiten noch nicht da oder längst verschwunden sind, kann man in Ruhe anhalten, um seine Eindrücke fotografisch festzuhalten. Am Ende findet man um diese Zeit bequem einen Parkplatz, dann weitergehen, durch einen engen Fußgängertunnel zum Torrent de Pareis. Dort findet man einen langgestreckten, schmalen Strand, eingefasst von hohen Felswänden. Man sollte sich ein wenig in die Schlucht hineinbegeben, die Aus- und Durchblicke für das fotografische Auge sind einmalig.

Grundsätzlich gilt: Die interessantesten Fotos kann man bei Sonnenauf- oder Sonnenuntergang schießen, denn Fotografieren ist nichts anderes als »mit dem Licht zeichnen oder malen«. Das kann man mit einer Fotokamera machen, analog mit einem Negativfilm oder digital auf einem Chip. Die meisten Fotografierenden würden eine solche Bezeichnung für ihr Tun nicht so poetisch sehen. Man steckt in die Kamera einen Chip und kann darauf Tausende Bilder ablegen, Kamera auf Automatik stellen und los geht es, sein Privatleben und die Umgebung festhalten.

Worin liegt die Faszination des Fotografierens?

Bestimmt darin, dass der Mensch in seinem naiven Streben die Zeit festhalten möchte, er will seine Erinnerungen und Eindrücke bewahren, die nicht untergehen sollen im großen Meer des Vergessens. Das wäre doch zu schade!

Die neue Fotografie bringt es aber auch mit sich, dass man nicht mehr darauf achten muss, wie, was und vor allen Dingen wie viel man fotografiert. Aussortieren kann man ja zu Hause, denkt man. Passiert aber selten.

Früher, als man analog fotografierte, war man geizig, überlegte sich genauer, ob dieses Bild nun unbedingt nötig sein musste, schließlich belichtete man einen Film, der teuer war und auch noch den Nachteil hatte, dass man das Produkt des fotografischen Schaffens erst nach der Entwicklung viele Tage später zu Gesicht bekam.

Heute ist alles sofort und im Überfluss vorhanden und kostet so gut wie nichts. Ein Smartphone reicht dafür. Damit kann man das Internet aufrufen, die Uhrzeit und die gegenwärtige Temperatur in Palma ablesen, Computerspiele spielen und Schnappschüsse machen: das Mittagessen, den Weißwein, den Zebrastreifen, die Fliege an der Wand, den Sonnenuntergang im Hafen von Porto Christo und schließlich die Partnerin, die sich nach zu reichlichem Alkoholgenuss auf die nächtliche Straße vor dem Restaurant übergibt. Diese Wichtigkeiten kann man dann in die ganze Welt verschicken.

Der ambitionierte Fotograf würde so was nie tun. Der ist schon an seinem Equipment zu erkennen. Seine Kamera muss hohe Lichtempfindlichkeit und überzeugende Abbildungsqualität besitzen, die Pixelzahl muss stimmen, denn höhere Pixelzahl ermöglicht auch später großformatige Fotoabzüge. Er geht ehrgeizig und zielstrebig seine Motive an. Welche Perspektive, welchen Blickwinkel wählt man, um das Objekt der Aufmerksamkeit ins rechte Licht zu setzen. Es ist ihm nicht egal, ob das Licht zufällig richtig ist. Es muss geplant richtig sein. Er überlegt sich genau, wann für ihn die ersten oder letzten Sonnenstrahlen seinem ausgewählten Motiv schmeicheln werden. Er ist immer und ewig auf der Suche nach dem Foto, auf das die Welt gewartet hat. Wenn es heute nicht passiert, dann morgen, und wenn nicht morgen, dann übermorgen. Darüber vergisst er, dass er hier eigentlich Urlaub machen wollte. Er ist ein Suchender, ein Besessener, er kann nicht anders, er muss es so tun.

Nebenan im Lokal beobachtet er eine Großfamilie, die gerade die Essens- und Trinkaufnahme beendet hat. So wird er Zeuge für einen weiteren Grund zum Fotografieren:

»Und nu alle Kinda noch mal schnell neben de Omma für'n Foto, man weiß nich, ob datt in't nägste Jahr noch möglich is'.«

»Oh, Pappa, nu red nich' sowatt!«

»Omma, schöön lächeln!«

Oma tut das und wundert sich, dass ihr Schwiegersohn mit seinem komischen kleinen Kästchen Bilder machen will. Da passt doch gar kein Film rein, denkt sie. Na ja, sie wusste ja schon immer, dass er ein Spinner ist. Ihre Tochter hätte nun wirklich etwas Besseres verdient gehabt. Aber was soll man machen. »Es is' wie et is'.«

38. GRUND

Weil man am Cap de Ses Salines zum Steinestapler werden kann

In der Bretagne, unter anderem in Carnac, stehen riesige aufgerichtete Felssteine, sogenannte Menhire. Berühmt wurden sie durch Asterix und Obelix. Letzterer schleppt ja solche Steine immer mit sich herum. Die sind schon 5.000 Jahre alt und haben wohl kultischen Sinn, mit denen die verstorbenen Vorfahren geehrt werden sollten.

Die Steine, die man in Cap de Ses Salines am südlichsten Punkt der Insel vorfindet, sind jüngeren Datums.

Wenn man die Absicht hat, dort hinzufahren, sollte man das sehr früh am Tage tun, um noch einen Parkplatz am Straßenrand zu finden. Die Straße bis zum Leuchtturm ist eine Sackgasse, eine »camino sin salida«. Am Ende zu wenden ist nur Profifahrern möglich.

Geht man einen schmalen Pfad seitlich am Leuchtturm vorbei, öffnet sich der Blick zum Meer und zu einer grandiosen Felsenküste.

Hier erheben sich eigenartige Steinskulpturen, flache Steine aufeinandergelegt, die nach oben hin immer kleiner und schmaler werden. Sind das Wegweiser? Warum dann so viele? Haben sie kultischen Wert und sollen an verstorbene Vorfahren erinnern? Nein, das ist wohl abwegig. Einen Moment lang ist man verunsichert.

Man vermutet eher, dass da jemand mal aus Jux und Tollerei diese Steine übereinandergestapelt hat. Und die Nächsten, die vorbeikamen, haben das nachgemacht. Und jetzt stehen ganze Steinwälder auf dem Felsuntergrund. Ist also so eine Art Ritual, wohl auch eine magisch-mystische Angelegenheit, soll sagen, wenn ich das tue, dann komme ich irgendwann wieder hierher zurück. Da fängt man doch gleich einmal an, Steine übereinanderzustapeln. Manche erinnern an ein windzerzaustes Nest, auf dem stoisch ein Adler sitzt oder ein Zauberwesen, das sich mutig gegen den Wind stemmt.

Und wenn man sich ausgestapelt hat, geht man einfach ein halbes Stündchen an dieser wunderbaren Felsküste weiter und kommt zu einem herrlichen Sandstrand, der Platja des Caragol. Der ist selbst im Sommer nicht überlaufen. Liegt es daran, dass es da keine Kioske, Strandliegen und Uhrenverkäufer gibt? Darauf muss der Besucher verzichten, was ja nicht unbedingt ein Unglück sein muss.

Auf dem Rückweg kann man dann überprüfen, ob »sein Steinturm« noch steht. Wenn nicht gerade eine Windhose über die Küste gegangen ist oder unsensible Geister, die keinen Sinn für magische Orte haben, ihre Zerstörungswut ablassen mussten, wird man ihn sicher wiederfinden und sich darüber freuen.

39. GRUND

Weil man einen Kalender oder ein Buch über die Insel machen kann

Fotografieren ist wie Schreiben, es schärft die Sinne, um alles besser in den Griff zu bekommen. Da hilft es, wenn man sein Leben entschleunigt. Das sollte auf der Insel eigentlich gelingen. Nichts ist nötig, alles ist möglich: wie ein Kleinkind sich allem spontan zuwenden, sich ablenken lassen, sich nichts vornehmen. Die Augen schließen beim Essen einer Orange, mit den nackten Füßen den Boden fühlen, dem Kellner bei seiner Arbeit zusehen. Der wird irgendwann auch zu einem kommen, ganz sicher. Sich mal einen ganzen Tag lang nur mit dem Blick eines Fotografen durch den Tag bewegen. Dabei verliert man zwar die direkte Zuwendung dem Erlebten gegenüber, aber man kann sich später an den Ergebnissen erfreuen, die über das Knipsen hinausgehen, später den Leuten, die schon alles haben, ein Fotobuch vom gemeinsam erlebten Urlaub schenken oder einen Jahreskalender aus den besten Bildern machen:

Im Januar den Schnee auf dem Tramuntanagebirge,
im Februar die Mandelblüte,
im März die blökenden Osterlämmer von den
rostigroten Schafen,
im April den roten Mohn vor einer Steinmauer
im Mai den Kegelklub auf der Promenade in S'Arenal,
im Juni die Cala Moro,
im Juli den anmutigen nackten Sandrücken einer
Strandschönen vor azurblauem Wasser
im August den attraktiven Strandwärter von der
Cala Domingos,
im September eine Tapasbar in Palma,
im Oktober ein Graffito aus Son Servera,
im November die Dekorationsobjekte von Barceló in
der Kathedrale »Le Seu« in Palma
und im Dezember die rot untergehende Sonne
hinter einer alten Windradsilhouette.

Das ist noch allemal besser als irgendein Geschenk ohne direkten Bezug zum Beschenkten. Dabei hat man sich doch was gedacht, ist das nicht toll? Wenn einem das Schreiben liegt, könnte man Lebensweisheiten dazusetzen. Ideal wären eigene Erkenntnisse. Zur Not tun es aber auch Aphorismen von klugen Köpfen, zum Beispiel die: »Der Mensch ist edler durch Wissen als durch Gold und Besitz, selbst wenn er sie mit guten Absichten erlangt hat.« Oder: »Geduld bringt Frieden. Wer Geduld hat, besitzt sich selbst. Wer sich selbst nicht besitzt, ist arm.« Das ist von Ramon Llull, einem mallorquinischen Philosophen, Dichter und Denker.

KAPITEL 4

Essen und Trinken

40. GRUND

Weil Tapasbars eine Sünde wert sind

Es gibt auf der Insel eine Unzahl von Bars, in denen Tapas zubereitet und angeboten werden. Tapas sind unwiderstehliche Appetithäppchen, die an der Theke einer Tapasbar gereicht und dort meist im Stehen gegessen werden. Dazu wird Wein oder Bier getrunken, ein Glas Sherry geht auch. Der Name »Tapa« entstand im vorletzten Jahrhundert in Andalusien, wo man sein Glas mit einer Scheibe Brot, Schinken oder Käse gegen die Unbilden des sonnigen Südens, wie Insekten oder den Staub der Straße, abdeckte. Zudem musste der Inhalt des Weinglases auch geschützt werden, um das wunderbare Aroma im Glas zu erhalten. Daher der Name: Tapa – Deckel.

Das System »Tapas« hat sich im Laufe der Zeit verfeinert. Sie werden warm oder auch kalt serviert. So gibt es Sobrasada, eine Wurstspezialität im Blätterteigmantel, Pimientos de Padrón – grüne Paprikaschoten, die mild schmecken können, dann aber auch wieder höllisch scharf sind, Pescaditos fritos und weitere Früchte des Meeres, die auf einer Eisenplatte gegrillt werden – »a la plancha«, wie man sagt.

Wenn die Frau ein kleines Mittagsschläfchen halten und der Mann mal eben seine Beine vertreten will, kann es passieren, dass er, angeregt durch die freundliche Atmosphäre, in eine Tapasbar gezogen wird. Ein Glas Wein kann ja nicht schaden. Er kann der Versuchung nun nicht mehr widerstehen und muss sich den Gaumengelüsten hingeben.

Jede Tapasbar hält andere Spezialitäten bereit, sodass es sinnvoll ist, nach und nach die Bar zu wechseln, um neue Tapas kennenzulernen. So reihen sich bei entspannter Atmosphäre und lockeren Gesprächen mit anderen Gästen ein paar Gläser Wein oder Bier aneinander.

Die Zeit vergeht und er merkt es nicht. Wenn er dann abends aus der Bar ins Apartment geht, weiß er, dass er kultiviert getrunken und gegessen, mallorquinische Lebensart erfahren hat. Nicht die schlechteste Art, den Nachmittag zu verbringen.

Wenn er allerdings jetzt erst überlegt, was er seiner Frau sagen soll, wo er die letzten Stunden verbracht hat, wird es wohl zu einem Erklärungsnotstand kommen, besonders dann, wenn sie eigentlich gemeinsam noch zum Einkaufsbummel nach Palma fahren wollten. Vielleicht kann er sie mit ein paar Tapas milde stimmen.

41. GRUND

Weil man an Aioli nicht vorbeikommt

Aioli, vielleicht am ehesten mit »Knoblauchmayonnaise« zu beschreiben, gehört in einigen Restaurants zum kostenlosen Service und wird dem Gast unaufgefordert als Erstes auf den Tisch gestellt. Dazu kommen das typische salzlose mallorquinische Brot und oftmals noch Oliven. Vorsicht, das Ganze hat Suchtpotenzial! Da das offensichtlich den Restaurantbesitzern nicht verborgen blieb, sind einige von ihnen auf den Dreh gekommen, Aioli nur noch auf Bestellung zu servieren, soll heißen: gegen Bezahlung!

Apropos Bezahlung: Sehr angenehm ist die Sitte, dass der Kellner nicht am Tisch stehen bleibt, wenn er die Rechnung auf einem kleinen Teller gebracht hat. So kann man entspannt sein Geld aus dem Portemonnaie ziehen und in aller Ruhe seine Rechnung begleichen. Bitte daran denken, dass man seine Euroscheine hinter eine Klammer steckt, die am Teller angebracht ist, sonst könnte es sein, dass das hart erarbeitete Geld vom mallorquinischen Wind ins Mittelmeer geweht wird. Landet das Geld dann schließlich in den Händen des Obers, bekommt man das Wechselgeld, wieder auf einem Teller, auf den Cent genau zurück. Nun ist es im Ermessen des Gastes, wie viel Trinkgeld er zurücklassen möchte. Gibt man nichts, hinterlässt das einen schlechten Eindruck. Gibt man zu viel, bleibt ein verstörter Kellner zurück. Und daran denken, wenn man sich an einen frei gewordenen Tisch setzt und es liegt das zurückgelassene Trinkgeld des Vorgängers noch auf dem Teller – bitte nicht einstecken, das gehört sich einfach nicht! Das wäre »unan-ständig«, wie der Hamburger sagt.

Zurück zum Aioli. Eigentlich ist es ja ganz einfach, Aioli selbst herzustellen. Man braucht dazu nur Knoblauch, Salz, Pfeffer, Eigelb, Senf, Zitronensaft, Weinessig und Olivenöl.

Also, wenn es so einfach ist, was muss man machen? Erstens Eigelb mit Salz und Pfeffer verquirlen. Dann Olivenöl dazugeben und so lange rühren, bis eine feste Konsistenz, also Mayonnaise, entsteht. Als drittes die Knoblauchzehen pressen, direkt dazugeben und unterrühren. Mit Zitronensaft, Weißweinessig und Senf verfeinern.

Ist die Arbeit getan, Weißwein aus dem Kühlschrank und Baguette vom Bäcker holen, mehr braucht es nicht für eine kleine Köstlichkeit zwischendurch. Aber bitte bedenken, die Knoblauchfahne ist nicht unerheblich und für eine Diät eignet sich diese Köstlichkeit trotz des gesunden Knoblauchs auf Grund des Fettgehaltes weniger.

42. GRUND

Weil Xirimoya keine japanische Sportart ist

Auf mallorquinischen Märkten gibt es viel zu entdecken. Und so dauerte es Jahrzehnte, bis der Schreiber dieses Textes für sich eine neue Frucht entdeckte, die Cherimoya oder Xirimoya, zu Deutsch auch »Zuckerapfel«. Da die Frucht sehr druckempfindlich ist, wird sie kaum nach Deutschland exportiert. Sie kommt ursprünglich aus Südamerika und wird in den Tropen und Subtropen angebaut. Die Frucht ist rund, oval bis herzförmig und hat ein Gewicht von bis zu 500 Gramm. Die Schale ist grünlich, schuppig und höckerig. Durch Drücken kann man den Reifegrad der Frucht prüfen. Die Haut sollte ein wenig nachgeben und dann sollte die Frucht relativ schnell gegessen werden, denn sie ist nicht lange haltbar. Das Fruchtfleisch ist weißlich, manchmal leicht bläulich, saftig und von umwerfend aromatischem Geschmack, erinnernd an Erdbeere, Birne, Himbeere oder Mango, irgendwie alles gleichzeitig. Die Frucht wird mit dem Messer halbiert und dann mit dem Löffel ausgekratzt und genossen. Die zahlreich enthaltenen schwarzen Fruchtkerne müssen entfernt werden, denn sie sind hart. Da könnte man sich glatt einen Zahn ausbeißen. Darüber freut sich doch nur der Zahnarzt. Die Kerne enthalten außerdem Alkaloide, sind also giftig und schmecken bitter.

Man kann aber auch das Fruchtfleisch durch ein Sieb pressen und daraus Speiseeis, Mousse oder Sorbet zubereiten oder mit Alkohol, sprich Sekt oder Likör, genussvolle Getränke mixen.

Und vor allem gesund ist die Xirimoya, denn sie enthält viele Nährstoffe wie Phosphor, Kalium, Kalzium und Eisen. Die Xirimoya ist reich an Vitamin C, wodurch das Immunsystem gestärkt wird, als wäre sie genau das Richtige für den Winter. Da die Frucht, wie bereits erwähnt, sich schlecht exportieren lässt, hat der Balearenfreund wieder ein Argument, auch in der kalten Jahreszeit nach Mallorca zu fahren und sich so vor Erkältungen zu schützen.

Nebenbei gesagt, in der nasskalten Winterszeit lassen sich wunderschöne, beheizbare Quartiere auf Mallorca finden, in denen man überwintern kann. Bereits ab vier Wochen kann man sehr preisgünstig wohnen. Da kann die Grippe sich ruhig in Deutschland austoben, das kann man entspannt in der *Tagesschau* zur Kenntnis nehmen. Gut, das kann sich nicht jeder erlauben, es sei denn, er ist wohlhabender Rentner oder er kann seine Arbeit auch am Computer erledigen.

43. GRUND

Weil die Avocados es in sich haben

Ursprünglich kommt die Avocado ja aus Südamerika, die Konquistadoren (die Eroberer Südamerikas) brachten sie von dort mit. Die Frucht wird seit dem letzten Jahrhundert auch im mediterranen Raum angebaut, also auch auf Mallorca. Avocados reifen nicht am Baum. Sie fallen vom Baum, wenn der Reifeprozess in Gang kommen soll. Da kommt es dann leider zu Beschädigungen der Frucht, deshalb ist es sinnvoll, sie vorher zu ernten. Die äußere Form ist oval bis rund, die Beschaffenheit der harten schrumpeligen Hautoberfläche ist unscheinbar, so gar nicht antörnend, das Fruchtfleisch ist somit gut versteckt. Lässt sich eine Avocado mit dem Daumen leicht eindrücken, ist sie reif, das Fruchtfleisch ist butterweich. Sie hat einen walnussgroßen, dunklen harten Kern. Das Fleisch hat hohe pflanzliche Fettanteile. Die sind sehr gesund, gut für die Augen, fördern die Blutbildung, frischen das Blut auf und bilden gesunde Haut; Knochen und Zähne profitieren davon. Der Geschmack ist eher als neutral zu bezeichnen, vielleicht ein bisschen nussig, was eigentlich auch Quatsch ist. Nein, die Frucht schmeckt avocadoartig, fertig. Worte sind eben nicht in der Lage, den Geschmack zu beschreiben. Muss man einfach ausprobieren. Wenn man das Fruchtfleisch mit der Gabel zerdrückt, eignet sich diese Paste, Gucacamole genannt, hervorragend als Brotaufstrich. Je nach Geschmack Zitronensaft, Salz, Frühlingszwiebeln, Walnussöl, Pfeffer, getrocknete Tomaten, Gurke, Ei und was einem noch so einfällt, dazugeben und unterrühren. Rauf aufs Brot und los, essen!

Man kann die Avocado natürlich auch in Deutschland im Supermarkt kaufen. Aber das ist ja völlig unerotisch, langweilig. Meist sind sie auch knüppelhart und nicht sofort verzehrbar.

44. GRUND

Weil man mallorquinische Speisekarten auf Deutsch lesen kann – oder auch nicht

Den Mallorquinern fällt es bestimmt genauso schwer wie den Deutschen, die Sprache eines anderen Landes zu lernen, zu verstehen, zu sprechen und zu schreiben. Dass dem so ist, erkennt man an der Speisekarte im Lokal. Eine solche Karte kann dann häufig ein Quell unfreiwilliger Komik werden. Sie ist meistens dreisprachig abgefasst: auf Mallorquinisch, Englisch und Deutsch. Mit etwas Glück findet man folgende »Köstlichkeiten«:

»Fisch und Meeresfrüchte«:
Titenfisch Ausfülung
Gegrilleter Tinten Fisch oder Romana
Chuertfisch mit Tumbet
Stocfisch mit Rot Paprika tomate sauce lich Allioli
Fisch Tage
Gedrillter Lachs
»Fleisch«:
Scheweineelende mit Koll
Hundchen Brust Gegrillte
Auberginen Aurfülung
Fleischpies Gegrillte unde Gemüsse
Sandwix mit Käse
»Nachtisch«:
Mandel Tarte mit Eis
Painapel Carpaccio mit vanille

Man ist ja geneigt, »Titenfisch mit Ausfülung« zu bestellen. Aber wieso steht das Angebot unter »Fisch und Meeresfrüchte«? Auch »Hundchen Brust Gegrillte« könnte interessant sein. Ist wohl eher ein Hinweis auf eine kleine Portion. Und zum Nachtisch »Painapel«. Was ist das denn? Egal, sich mal auf was Neues einlassen. Warum denn nicht. Dann hat man doch zu Hause was zu erzählen.

Nach dem Essen auf dem Nachhauseweg gibt es ein Hinweisschild zu entdecken: »Verbieten zugang und schwimmen an Mensch ausländisch gebäude«

Na, wer das nicht versteht!

45. GRUND

Weil Salzblumen gepflückt werden können

Das Essen wird mit Salz gewürzt. Man spricht ja auch redensartlich vom »Salz in der Suppe«, sagen wollend, durch Salz wird die Nahrung erst schmackhaft. Und hier beginnt die hohe Kunst der Salzkultur, die auf Mallorca zu Hause ist.

Aus dem Meer wird das Meersalz gewonnen. Das Wasser wird dabei in flache Becken geleitet, in die Salzgärten, die Salinen. Dort verdunstet das Wasser und zurück bleiben Salz und andere Mineralien wie Kalium, Magnesium und Spurenelemente. Durch die anderen Mineralien kann sich der Geschmack des Salzes erheblich verändern.

»Flor de sal«, die Salzblume, findet man in Ses Salines im Süden der Insel, nicht weit weg vom Naturstrand Platja Es Trenc. Hinter einem Haus türmen sich die Salzberge, die an ein alpines Gebirge erinnern. Das macht sich auch schon mal die Modebranche zunutze und fotografiert hier ihre Snowbordjackenmodelle. Ein leichter Wind weht über die Pinien. Die heiße Sonne glitzert im kristallklaren Wasser der Saline. Die Luft ist ausgetrocknet. Nur unter diesen Bedingungen kann die Salzblume entstehen. Sie bildet sich am Rande der flachen Rückhaltebecken. Es ist eine kristallartige Kruste, die an Blüten erinnert. Diese Kruste wird mit der Hand abgeerntet und auf großen Tischen zum Trocknen ausgebreitet. Es entsteht »Flor de sal«. Das gibt es als unbehandeltes Naturprodukt zu kaufen, ebenso mit Rosenblüten und Pfeffer, Hibiskus, Orangen, gemahlenen schwarzen Oliven, Curry, Knoblauch, Rosmarin, Bohnenkraut, Majoran, Thymian und Oregano. Da es grobkörniger ist als handelsübliche Salze, enthält es auch mehr Magnesium, Kalium, Kalzium und weitere Spurenelemente.

In einem kleinen Laden an der Saline kann man diese salzigen Kostbarkeiten erwerben, das Kilo bis zu 20 Euro. Im Supermarkt kostet ein Kilo Speisesalz ungefähr einen Euro. Der Geizhals rechnet. Für das Geld, das er für das »Flor de sal« ausgeben würde, könnte er gut 20 Kilo normales Salz kaufen. Das würde er in seinem Leben nicht verbrauchen können, es sei denn im nächsten Winter, wenn es mal wieder üppig geschneit hat und die Wege glatt sind.

Auf jedem Markt und in fast jedem Dorf gibt es inzwischen die Salzvariationen in hübschen Geschenkdosen verpackt, die als Mitbringsel für die blumengießende Nachbarin sehr beliebt sind. Nun gut, hier kostet die Verpackung mehr als das Salz. Dafür steht aber auch »Flor de sal de Luxe« drauf und dann kommt man schnell schon mal auf einen Kilopreis von 80 Euro. Aber wer bringt seiner Nachbarin schon ein ganzes Kilo mit?

46. GRUND

Weil man bei Feigen Mut beweisen kann

Einen Feigenbaum wird man in Deutschland bestenfalls in den Weinbaugebieten finden, also in der Pfalz oder an der Bergstraße. Auf Mallorca ist er überall gegenwärtig.

Der Baum stellt vom Boden her wenig Ansprüche. Er hat es aber am liebsten schön warm und im Winter schön mild. Für Mallorca genau der richtige Baum. Der Baum ist etwas ganz Besonderes, denn er ist der erste Baum, so steht es jedenfalls in der Bibel, der im Paradies gestanden haben soll. Ihm, beziehungsweise der Frucht, wird eine besonders sinnliche Bedeutung nachgesagt. Das ist dann wohl Grund genug, von diesem Baum der Erkenntnis eine Feige zu pflücken. Für Adam und Eva diente das Feigenblatt als Kleidungsstück. Was für ein Baum, der so viel Nutzen für den Menschen bringt.

In Deutschland wird uns die Frucht während der Weihnachtszeit in getrockneter Form schmackhaft gemacht, verpackt in Plastik. Schmeckt dröge und ist zäh wie Leder, es soll aber Menschen geben, die das mögen.

Auf kurzen Stielen in den Blattwinkeln des Baumes sitzt die Feigenfrucht. Wenn man die Möglichkeit hat, einmal eine reife frische Feige vom Baum zu pflücken, tut sich beim Verzehr ein Wunder auf. Leicht faserig, körnig, exotisch süß schmeckt sie, riecht irgendwie nach grüner Wiese und lässt von einem Schattenplatz im Süden träumen. Dass die Früchte reif sind, ist an der violetten Schale zu erkennen, die mit einem leichten weißlichen Schleier überzogen sind. Auf Fingerdruck sollte das Fruchtfleisch nachgeben. Auch die bereits aufgeplatzten Früchte schmecken noch wunderbar. Das Fruchtfleisch lässt sich leicht herauslutschen und so von der Schale trennen.

Nach einem alten mallorquinischen Gesetz soll es jedem erlaubt sein, so viele Früchte von einem Baum zu essen, bis er satt ist. Einem rechtschaffenen Reisenden tun sich da doch Zweifel auf, ob er nun wirklich auf das Feld des »Campesinos« gehen und ungefragt dessen Früchte vom Baum holen darf. Dann doch lieber fragen, auf jeden Fall dann, wenn der Bauer mit seinem landwirtschaftlichen Gerät in der Nähe rumhantiert. Man könnte doch mit seinem mühsam erlernten Volkshochschulspanisch schon mal fragen: »¿Puedo coger una higa, por favor?« (Darf ich eine Feige essen?) Ob's richtig ist? Ist doch auch völlig egal, Hauptsache der Mensch versteht einen. Und so kommt es auf einer Seitengasse in der Nähe von Porreres zu einem ersten zarten Versuch der Annäherung an einen mallorquinischen Bauern, der sich noch die Zeit nimmt, von seinem Trecker zu steigen und dem Reisenden die besten Feigen vom Baum zu pflücken. Wenn das keine gelebte europäische Annäherung ist!

47. GRUND

Weil man verschiedene Arten von Kaffee trinken kann

Einen ganz normalen deutschen Kaffee hätte man gerne zum Frühstück bestellt, einfach nur einen aufgebrühten Kaffee und dazu etwas Kaffeesahne oder Milch. Kann ja nicht so schwierig sein, also keinen Espresso, keinen Cappuccino, einfach nur einen Kaffee.

»Un café, per favor.« Der Ober guckt verständnislos.

» ¿¿Café con leche??«

»Si, un café con leche.«

Der Ober nickt, er hat verstanden. Schön, einfach mal wieder einen Kaffee ohne Firlefanz. Nach kurzer Zeit bringt er ihn. Er stellt die Kaffeetasse mit heißem Kaffee auf den Tisch. Huch, die Tasse ist ja nur halb voll, was soll das denn? Und ehe man sich versieht, gießt er aus einem Milchkännchen einen gefühlten halben Liter heiße Milch dazu. Oh nein – aber zu spät. Das Entsetzen im Gesicht versucht man mit einem freundlichen Lächeln zu überspielen. War wohl nix mit dem ganz normalen Kaffee. Das nächste Mal weiß man, ein Café con leche ist nun mal ein Milchkaffee.

Kaffee auf Mallorca gibt es ansonsten in vielen Variationen. Nach dem Essen ist er unvermeidlich, der Espresso oder der »Cortado«, ein Espresso mit Milch, der üblicherweise als »Café en vaso« serviert wird, was nicht bedeutet, dass man den Kaffee in einer Vase gereicht bekommt, sondern in einem kleinen Glas.

Man nimmt aber auch gern »Capuchino con leche espumosa«, bei uns bekannt als Cappuccino, also mit aufgeschäumter Milch.

Irish Coffee – »Café irlandés«, Zucker mit Whiskey in einem hitzefesten Glas verrührt, heißer, starker Kaffee bis zum Rand aufgefüllt und geschlagene Sahne oben drauf. Den kann man auch an einem heißen Tag zu sich nehmen, muss man aber nicht. Und das wäre eine sehr kluge Entscheidung, es sei denn, man will sich gleich danach auf sein Kanapee zurückziehen.

Nicht zu vergessen: Den Mokka – Café solo, starker, süßlicher schwarzer Kaffee, im Kännchen mit Kaffeesatz serviert, gibt es, wer es denn mag.

Eiskaffee, gekühlter Kaffee mit Vanilleeis, ist hier selten, dann schon eher »Café con hielo«, ein Glas mit Eiswürfeln, darüber wird dann der Kaffee gegossen.

Und mal was Neues probieren, einen »Barraquito« bestellen. Der besteht aus drei Schichten, zuerst Kondensmilch, dann Espresso mit einem Schuss Likör und einer Zitronenschale, schließlich aufgeschäumte Milch mit etwas Zimt.

Wer es gesünder will, bestellt sich einen entkoffeinierten Kaffee, einen »Café descafinado«.

Einen Pharisäer, Kaffee mit Weinbrand, hier »Café carajillo« genannt, kriegt man auch.

Und wenn man nicht im Lokal ist, sich vielleicht in seiner Ferienwohnung als Krönung einen ganz normalen deutschen Kaffee zubereitet hat und entspannt in der Hängematte liegt, also »tumbar en una hamaca con un café alemán«, und auf den Swimmingpool schaut, kann man sich doch darüber freuen, was die menschliche Kultur im Laufe der vielen Jahre so alles zustande gebracht hat.

Wenn man nun mal nicht auf den typisch deutschen Kaffee verzichten kann, sollte man sich beim Buchen eines Apartments vergewissern, dass eine Kaffeemaschine vorhanden ist, denn oft findet man nur eine Espressokanne aus Aluminium vor.

Weil Tomaten noch nach Tomaten schmecken

Die Tomate gehört zu den Nachtschattengewächsen und ist mit der Kartoffel und anderen Speisegewächsen verwandt. Die Italiener sagen Pomodoro (Goldapfel) und die Österreicher sprechen vom Paradeiser oder vom Paradiesapfel. Ursprünglich kam die Frucht aus Mittelamerika, wo sie »Xitomatl« heißt. Von Weiß über Grün zu Gelb, zu Rot bis hin zu Schwarz kann die Farbpalette gehen. Die Form der Frucht kann vielfältig sein, der Geschmack auch oder gar nicht vorhanden sein.

Ja, so kennt man sie, die Tomate. Bei uns vorwiegend aus holländischen Gewächshäusern, wunderschön rot und fast gleichmäßig rund geformt. Schneidet man so ein schönes Exemplar auf, tendiert das Innere doch häufig zu einer wässrigen Enttäuschung und der Geschmack passt sich diesem Eindruck an. Es ist nun wirklich gelungen, die Tomate über die Jahre von den Züchtern hinrichten zu lassen, zumeist ist sie völlig geschmacklos. Sie erinnert nicht mal ansatzweise an Tomaten aus sehr viel früheren Jahren.

Mallorcas Tomaten vom Markt sind da anders. Eine Vielzahl von Sorten lacht einen dort an. Sie sind alle eher ungleichmäßig ausgebildet, irgendwie verwachsen, jede Tomate hat ihre individuellen stark gekerbten Ausprägungen und Stellen. Die Oberfläche ist meist rötlich stumpf. Beim Probieren stellt man fest, dass der Geschmack einer Tomate nicht labberig und wässrig sein muss. Im Gegenteil, der Geschmack ist würzig-süß, fruchtig und aromatisch. Das Fleisch ist fest. Der Geruch ist tomatig intensiv. Und der Mensch sinkt angesichts dieser wiederentdeckten sinnlichen Geschmackserinnerung an frühe Kindertage dankbar auf dem Markt von Artà vor einem Gemüsestand auf die Knie und wendet seinen Blick gen Himmel. Dass man so was noch mal erleben darf. Das hätte man nicht gedacht. Man wischt sich ein paar Tränen aus den Augenwinkeln.

Der in der Nähe stehende Mann von der »Guardia Civil« guckt skeptisch, er weiß wohl nicht, wie er das zu bewerten hat. Ist das nun schon ein Verstoß gegen die »Verordnung für zivilisiertes Zusammenleben«, was mit einem Bußgeld von mindestens 20 Euro zu bestrafen wäre, oder ist das nur ein bemitleidenswerter, gefühlsverirrter Tourist, dem die Frau weggelaufen ist oder dem man das Portemonnaie gestohlen hat und der nun aus lauter Verzweiflung zu weinen beginnt. Der Polizist von der »Guardia Civil« ist ratlos. Wie soll er auch auf die Idee kommen, dass eine mallorquinische Tomate so etwas auslösen kann?

49. GRUND

Weil die Sobrasada die Geschmacksnerven berührt

Vegetarier oder Veganer sollten diesen Abschnitt überspringen. Das Angebot an Wurstsorten ist nicht nur in Deutschland, sondern auch auf Mallorca unendlich. Da dauert es doch eine Zeit, bis man irgendwann auf die Sobrasada stößt, eine Wurstspezialität von den schwarzen Schweinen. Banal ausgedrückt, ist es eine Streichwurst mit Paprika – aber was für eine! »Sobrasada de Mallorca de cerdo negro«, so heißt sie dort. Die Sobrasada hat im Gegensatz zur Salami keine feste Konsistenz, die Wurstmasse ist weich, lässt sich gut verstreichen und hat ein leicht rosafarbenes Aussehen. Da sie in Därmen abgefüllt wird, ist die Form unregelmäßig. Die Farbe rührt vom roten Paprikapfeffer her, Gewürze und Salz geben ihr den unverkennbaren Geschmack. Nach der Darmfüllung wird sie zum Trocknen in Kammern gehängt, wodurch sie nach und nach den typischen aromatischen Geschmack entwickelt. Die Wurst von den langbeinigen schwarzen Schweinen ist besonders deshalb zu empfehlen, weil die Schweine in der Endzeit ihres Lebens noch besonders üppig mit Eicheln und Feigen gefüttert werden, die für den feinen Geschmack verantwortlich sind.

Sobrasada auf das weiße ungesalzene Weißbrot, dazu etwas Honig oder Marmelade – besser kann ein Tag doch nicht beginnen. »¡Bon profit!«, sagt der Mallorquiner. Was nicht heißen soll, dass er mit dieser Wurst besonders viel verdient, nein, es ist ein schlichtes »Guten Appetit!«.

Wer so etwas einmal gegessen hat, kann sich vorstellen, das reichliche Wurstangebot in Deutschland durch solche Angebote zu erweitern.

50. GRUND

Weil man in der »Caracola« in Porto Petro sitzen kann

Es müssen ja nicht immer die Luxusrestaurants empfohlen werden, die, die weißes Leinen auf den Tischen auslegen und in denen eine einschüchternde Ruhe herrscht. Wo man schon, bevor das Essen kommt, Angst hat, dass man mal wieder die Tischdecke beschmutzt.

In Porto Petro im Südosten gibt es direkt am Hafen ein uriges mallorquinisches Restaurant, das »La Caracola«. Dort ist immer was los, viele Mallorquiner sitzen hier. Schon morgens um acht Uhr kann man hier dem Treiben im Ort zusehen. Der Gemüsewagen fährt vor, der Fleisch- und der Getränkelieferant kommen, die Firma Frigo liefert Eis. Alle haben Zeit, an der Bar im Inneren des Lokals wird Cortado getrunken und in aller Ruhe ein Blick in die Zeitung geworfen. Auf der anderen Straßenseite wird zwischen den Stühlen gefegt, das Sonnensegel über den Tischen und Stühlen ausgerollt, die Kissen auf die Stühle gelegt, denn auch dieser Teil gehört zum Lokal. Noch können die Kellner verhältnismäßig ruhig die Fahrbahn überqueren. Das wird sich bald ändern. Es gibt immer noch genügend Touristen, die mit ihrem Auto diesen Weg zur Cala

Mondragó wählen und auf die Abkürzung am Kreisel am Ortseingang verzichten. Ein Rätsel, wie die Bedienung mit den Getränken und den Essen zwischen den Autos über die Straße tanzt, ohne dass etwas passiert. Der Zebrastreifen hilft nur bedingt. Die Parkplätze sind begrenzt. Da empfiehlt es sich, ganz um den Hafen herum zu fahren, das heißt am Kreisel nicht Richtung Cala Mondragó herausfahren, sondern eine Abfahrt weiter Richtung Hotel Blau. Diese Straße ist eine Sackgasse. Am Ende befindet sich ein größerer Parkplatz, auf dem man eigentlich immer Parkraum findet. Dann kann man in Ruhe um die kleine Hafenanlage zurückgehen und sich in der »Caracola« niederlassen.

Die grimmigen Blicke der Ober sollte man nicht ernst nehmen, die tun nur so, die sind, wenn man sie lässt, ausgesprochen herzlich, aber eben nicht anbiedernd. Was kann man Besseres über das Personal sagen. »La Caracola«, die Schnecke, der Name ist irreführend, hier geht alles zügig, aber nicht hektisch zu. Man kann keine raffinierte Küche erwarten, dafür aber solides Essen. Ein »Menu del dia«, im Inneren des Restaurants genossen, könnte so aussehen:

Als ersten Gang Crema de legumbres (Gemüsesuppe), Ensalada (Salat) oder Macarrones Boloñesa (Makkaroni bolognese). Als zweiten Gang Calamar Romana (frittierte Tintenfischringe), San Jacobo (dünnes Schnitzel mit Schinken und Käse) oder Redondo de ternera (Schmorbraten), dazu Pan (Brot), Agua und Vino (Wasser und Wein) und zum Schluss Postre (Nachtisch).

Zu Beginn wird das mallorquinische Brot mit schwarzen Oliven gereicht. Eigentlich braucht man nicht mehr. Das Ganze für 9,80 Euro, einschließlich der Getränke. Da kann man doch nicht meckern, oder?

51. GRUND

Weil man die »grüne Stunde« einleiten kann

Wenn Sie schon mal Hierbas (gesprochen Jerbass) probiert haben, dann wissen Sie um den Geschmack, einfach lecker. Kommt aus Ibiza, Hierbas Ibicencas, gibt es natürlich auch auf Mallorca, den »Herbes de Mallorca«. Hierbas, auf Deutsch »Kräuter«, ist ein Kräuterlikör; ein Destillierverfahren aus Alkohol und Extrakten der verschiedenen Pflanzen der Insel, also Wacholder, Minze, Lavendel, Eukalyptus, Oregano, der Schale von Orangen und Zitronen und was denn sonst noch alles, und natürlich Anis. Auffällig ist die grüne Farbe. Die Kräuter werden für längere Zeit in Wasser und einer Alkohollösung eingelegt. Abgefüllt wird der Likör als Hierbas seco (trocken), 38 Prozent, Hierbas dulce (süß), 24 Prozent, und als Hierbas mesclades (halbtrocken), 30 Prozent Alkohol.

So kann man am späten Nachmittag die »grüne Stunde« einläuten. Wer vernünftig ist, trinkt diese Köstlichkeit wohldosiert, eher als Magenverteiler nach dem Essen. Aber mit der Vernunft ist das so eine Sache. Es soll ja auch Leute geben, die einen Magenbitter eher als Durstlöscher trinken. Wer zu viel Hierbas trinkt, wird – wie der Name schon fast sagt – herbe Erfahrungen damit machen, denn Hierbas ist dem Absinth ähnlich, der ja einen negativen Beigeschmack haben soll, von wegen der schwerwiegenden gesundheitlichen Schäden. Das war ein menschenverderbendes Getränk. Deshalb wurde das Absinthtrinken Anfang des 20. Jahrhunderts verboten. Die Franzosen tranken damals durchschnittlich eine Alkoholmenge von 30 Litern im Jahr. Das haut schon mal auf die Leber. Heutzutage sind die Iren in der Weltrangliste des Alkoholtrinkens mit 14,2 Litern reinen Alkohols auf Platz eins.

In einigen Abfüllungen sind ganze Zweige von Kräutern enthalten, wohl eher eine optische Angelegenheit. Auch viele der Flaschen sind von ihrer äußeren Erscheinung auffällig. Mancher findet die dreifach bauchig geschwungene Flasche originell. Es ist eben wie mit allem, die Schönheit der Dinge liegt im Auge des Betrachters. Schöngeister werden vielleicht, nachdem sie die Flasche geleert haben, eine Tropfenkerze darauf züchten. Es gibt auch 5-Liter-Flaschen. Die kann man kaufen, muss man aber nicht, denn auch ein Schluck zu viel vom Hierbas erzeugt ein unangenehmes Gefühl im Kopf und am nächsten Tag ein Gefühl der Reue ob des gestrigen Abends. So was von bescheuert, so was von, kann man sich ärgern, kann man sich. Aber nein, musste ja mal wieder sein. Bitte, hier hat man dann die Rechnung und einen dicken Kopf gibt es dazu. Sich mal für heute nur Mineralwasser erlauben. Ob man den Vorsatz durchhalten kann? Mal sehen, man weiß es nicht, denn man sollte den Tag nicht vor dem Abend loben.

KAPITEL 5

TOURISTISCHES

52. GRUND

Weil schon der Hinflug ein Erlebnis ist

Alle, oder besser, viele Wege führen nach Rom, war doch Rom zur Zeit der Antike das Zentrum des Mittelmeerraums. Man konnte dort hinsegeln, hinwandern, mit dem Pferd hinreiten, mit der Kutsche fahren und wenn man die nötige Kondition hatte, sogar hinschwimmen. Heute ist Rom nicht mehr das Zentrum des Mittelmeerraums. Mallorca hat der Stadt den Rang abgelaufen. Durch die zivilisatorischen Neuerungen geht das heute alles viel bequemer und vor allen Dingen schneller. Der Reisende könnte mit der Bahn fahren, beispielsweise von Hamburg nach Barcelona und dann mit der Fähre nach Palma, mit dem Auto auf gleicher Strecke und ebenfalls die Fähre dorthin nehmen. Extrem Umweltbewusste können mit dem Fahrrad fahren, wenn sie es sich zeitlich einrichten können. Nein, nein, das ist alles viel zu anstrengend. Ein Flugzeug muss her. Angebote gibt es genug, auch Billigangebote. Auch mal dran denken, dass andere Bundesländer andere Ferien haben. Vielleicht einfach mit dem Auto oder Zug ins Nachbarbundesland zum Flughafen. Muss man mal gegenrechnen, ob sichs lohnt.

Für einen Pauschaltouristen ist so etwas Stress pur. Die ersten Flieger nach Palma gehen schon um sechs Uhr morgens ab. Und da die Frühflieger im Allgemeinen deutlich billiger sind als die späteren, kann man das ja mal auf sich nehmen. Halb fünf sollte er schon am Flughafen sein. Die Bordkarte hat er auch schon zu Hause ausgedruckt. Er hat sich für einen hinteren Sitzplatz entschieden. Bei einem Absturz meint er, so eine höhere Überlebenschance zu haben. Bei der Gepäckabgabe kann er direkt zum »Drop off«-Schalter gehen, die Abfertigung erfolgt dann zügiger. Aufstehen muss er dann schon um drei und sich am Tag vorher für die Zeit ein Taxi bestellen. Und kommt das auch wirklich? Was das alles kostet. Oder mit dem eigenen Wagen hinfahren und den Wagen dort unterstellen? Nicht verkehrt, da sind die Straßen noch schön frei. Aber die Parkhäuser auch? Nee, nee, das ist ja noch teurer.

Den richtigen Counter findet man verhältnismäßig schnell. Da hilft schon ein Blick auf die Wartenden. Kaum Anzugträger mit Laptoptasche. Dafür aber neben den jungen tätowierten Verliebten die kleinen Grüppchen mit lustigen Hüten, die schon am frühen Morgen in bester Stimmung sind. Dann die rüstigen »Best Ager« in Wanderschuhen und Rucksäcken, weiter die durchtrainierten Radler, die meist schon braun gebrannt abfliegen. Der Golfspieler trägt auch ohne Golfschläger gerne karierte Hosen und handgefertigte Schuhe. Die Zweitwohnungsbesitzer in schicker, durchgestylter Kleidung, gepflegt bis in die Zehenspitzen. Diese Mixtur deutet bereits die Vielfalt der Insel an.

Eine junge Frau stellt aufgeregt fest, dass sie ihre Tasche mit allen Unterlagen zu Hause liegen gelassen hat. Das Handy der Freundin wird benutzt. Und so erfahren alle Umstehenden, dass es sich um eine braune Umhängetasche handelt, die wahrscheinlich auf dem Küchentisch liegt und umgehend per Taxi zur Abflughalle 1 gebracht werden soll.

Die nächste Barriere ist die Sicherheitskontrolle. Bitte alles in die Kiste packen. Gürtel aus der Hose, Jacke aus, Geld aus der Tasche und Handgepäck auf das Laufband. Nun nach Aufforderung durch eine Torsonde gehen. Wenn es piept, dem Kontrolleur sagen, dass man eine künstliche Hüfte, einen Herzschrittmacher oder Piercings an der Brustwarze oder im Intimbereich hat. In der Zwischenzeit ist die Kiste mit den Habseligkeiten bereits durch das Röntgengerät gelaufen. Die Flasche Wasser aus dem Handgepäck muss zurückgelassen werden.

Nun kommt der Fluggast durch die »Duty-free-Shops«. Lauter »Bargains« und »Special offers« werden angeboten. Den Abflugterminal erreicht man nach einem längeren Fußmarsch, den man auch zum Teil auf Laufbändern zurücklegen kann. Rechts und links werden gestressten Fluggästen Körpermassagen angeboten. Reklamewände, von hinten beleuchtet, werben mit androgynen Wesen für Luxusprodukte.

Setzen, warten, noch einmal auf die Toilette, wer will schon während des Fluges sein Geschäft in der Luft erledigen. Aufruf für den Flug nach Palma de Mallorca, zuerst bitte nur »Boarding group A«, was aber niemanden davon abhält, sich doch schon in die Reihe zu stellen. Durch die Fluggastbrücke gehen. So kommt man trockenen Fußes in das Flugzeug, in dessen Eingangsbereich einem das routinierte Lächeln einer Stewardess entgegenstrahlt. »Willkommen an Bord.«

Sich nach angestrengtem Suchen in den Sitz werfen, der so eng ist, dass man die Knie anziehen muss. Ob man mit dem Fluggast am Gang tauschen könnte? Sie verstehen schon, wegen der langen Beine. – Nein? Ach, schade.

Nachdem alle ihren Platz gefunden und sich angeschnallt haben, meldet sich der Flugpilot zu Wort, dass man nun zum Abflug bereit wäre, aber man noch nicht starten kann, weil zurzeit das Sicherheitspersonal in Frankreich streikt. Da der Flug auch über französisches Gebiet geht, muss man jetzt erst einmal abwarten, vielleicht wird es ja in einer Stunde was. Danach das Ganze noch einmal auf Englisch. Nach einer Stunde scheint das Bodenpersonal in Frankreich sich die Sache mit dem Streik überlegt zu haben. Der Flug wird nun freigegeben, und über die Monitore wird eine Sicherheitserklärung gezeigt, wie man sich zu verhalten hat, wenn das Flugzeug abstürzt. Ruhe bewahren wäre nicht schlecht, und unter dem Sitz ist eine Schwimmweste. Braucht man die eigentlich, wenn man über den Alpen abstürzt? Mal die Stewardess fragen?

Wie auf ein Zeichen stürzen die Ersten auf die Toilette. Im Nu ist man über den Wolken und das Bordpersonal kommt mit Waren durch den Gang. Cola, Wasser und Kaffee gibt es gratis und ein Brötchen mit Salami oder Käse in Folie eingeschweißt dazu. Mal aus dem Flugzeug sehen. Unten sind die Alpen zu sehen, später dann das Mittelmeer und schließlich die Landebahn von Palma.

Die Landung schüttelt die Fluggäste durch. Der unter Flugangst leidende Passagier setzt zum Klatschen an ob der Erleichterung, wieder festen Boden unter den Füßen zu haben. Er verbietet es sich aber, weil er denkt, dass das nur Spießer machen.

Endlich, die Flugzeugtür öffnet sich. Man tritt ins Freie. Tief durchatmen, die Spannung fällt ab. Die milde mallorquinische Luft streichelt die Seele.

Wenn man die gefühlten 20 Kilometer Fußmarsch vom Flugzeug bis zur Ausgangshalle geschafft und seine Habseligkeiten vom Laufband genommen hat, wendet sich die Aufmerksamkeit des Angekommenen dem per E-Mail vorbestellten Auto zu. Das Suchen der Autoverleihfirma findet irgendwann ein Ende und der Schlüssel wird zum Glück unbürokratisch ausgehändigt, in diesem Falle für einen Volkswagen Transporter Kombi 1, mit Diesel zu betanken.

Den Flughafen verlassend, folgt man dem vorgezeichneten Weg zum gegenüberliegenden Parkhaus. Vorsicht, der Zebrastreifen ist keine Gewähr dafür, dass die mit weißhäutigen Touristen vollbesetzten Busse zu ihren Hotels nicht doch losfahren.

Das Auto steht im Erdgeschoss, Areal D, Nummer 97. Seine Koffer verstauen, einsteigen, losfahren. Dem Zeichen »Salida« folgen. Eine Barriere öffnet sich bei Annäherung, geschafft! Man ist angekommen und befährt nun endlich mallorquinischen Boden. Dran denken: Auf der Autobahn nicht schneller als 120 km/h, Nebenstraßen 90 km/h, Stadtgebiete 50 km/h, Wohnviertel 20 km/h. Immer den Führerschein und den Personalausweis dabeihaben. Der Gurt muss während der Fahrt immer angelegt sein, ansonsten kostet das 100 Euro. Und ganz wichtig: maximaler Alkoholgehalt im Blut 0,25 Promille.

Weil man eine Finca kaufen, mieten oder von außen betrachten kann

Was ist eine Finca, was sind Fincas? Da haben sich im Laufe der Zeit einige unterschiedliche Definitionen ausgebildet. Ursprünglich verstand man darunter einen Bauernhof. Im Laufe der Zeit wurde daraus die Bezeichnung für einen besonderen Haustyp, der umschlossen ist von einem Grundstück. Es reicht wohl, wenn man sich den Begriff mit »Haus« übersetzt. Wobei die Übersetzung im Grunde auch nichts sagt, denn ein Haus kann bekanntermaßen unterschiedlich ausfallen. Für den Touristen reicht die Begriffsklärung, wenn er sich darunter ein mehr oder weniger luxuriös ausgestattetes Landhaus vorstellt, das irgendwo außerhalb des Ortes auf dem Lande steht. Diese Häuser haben oft eine Terrasse mit Swimmingpool, eine großzügige Raumaufteilung, eine moderne Küche, Klimaanlage, eine beeindruckende Eingangshalle, Fernseh-, Telefon- und WLAN-Anschluss, komfortable sanitäre Anlagen, um sich herum viel naturbelassene Landschaft, Kiefernwälder, Oliven-, Feigen-, Orangenplantagen und viel Ruhe.

So was kann man kaufen. Dafür braucht man Geld, je nach Ansprüchen viel Geld, zum Beispiel 4,5 Millionen Euro. Dafür kriegt man dann auch etwas mit Meerblick, die Sonnenuntergänge sind umsonst. Das Ärgerliche am Reichtum ist aber leider nun mal, dass es viele Neider und Diebe gibt, und so muss man sich schützen gegen die böse Welt, eventuell mit einer zwei Meter hohen Einfriedung aus Naturstein mit aufgesetztem verzinkten Bandstacheldraht drumherum, dazu dem privaten Sicherheitsdienst und Rundumkameras, die jede Bewegung festhalten. Das großzügige Eingangstor wird elektronisch versperrt und kann nur durch den Hausherrn geöffnet werden, der über einen Monitor sehen kann, wer ihn besuchen will.

Bei Spaziergängen entlang der unterschiedlichsten Küstenabschnitte kann man dann schon mal staunen, was an Prachtbauten so alles möglich ist. Aber will man das wirklich? Und dann kann man sich ja mal gegenseitig helfen, um aufkommenden Neid im Keime zu ersticken, und Argumente sammeln, warum man auf gar keinen Fall solch einen Prachtschuppen besitzen möchte. Argumente, die mit Geld zusammenhängen, sind nicht erlaubt, also die Nummer mit den hohen Unterhaltskosten und so weiter. Ja, da muss man schon drüber nachdenken. Der Gedanke, dass man dann gar nicht mehr woanders Urlaub macht, schreckt ja nicht wirklich ab. Die Angst vor ungebetenen Gästen hält sich dank der modernen Schutzeinrichtungen in Grenzen. Die Anreisezeit ist auch nicht wirklich länger, als wenn man von Hamburg nach Sylt fährt oder im Stau auf der Ostseeautobahn steht. Spontan ins Theater gehen geht nicht. Gar nicht so einfach – das mit den Argumenten gegen den Besitz einer Finca auf Mallorca.

Na gut. Letztendlich ist es auch müßig, darüber nachzudenken, denn man weiß ja, dass die Kohle schlichtweg nicht da ist.

Mit den pekuniären Voraussetzungen bietet es sich eher an, eine Finca zu mieten. Muss ja kein Prachtbau für 6.000 Euro die Woche sein. Besser noch, man teilt sich die Miete mit Freunden. Was spricht dagegen, ein tolles Anwesen gemeinsam mit Gleichdenkenden zu genießen? Aber Vorsicht: Die vorübergehende Wohngemeinschaft kann bezüglich des gemeinsamen Kochens und Saubermachens schnell zu Stress führen.

Wer weder kaufen noch mieten will, kann die Landhäuser trotzdem genießen. Einfach bei den Fahrten übers Land mal innehalten, aussteigen und sich der Ästhetik der unterschiedlichen Baustile hingeben. Auch da kann genussvolle Freude aufkommen. Ganz ohne Neid.

Weil man nach Palma fahren kann

Palma ist eine Großstadt. Einem Reisenden fällt das meist erst dann auf, wenn er in die Stadt will. Im Gegensatz zu dem Verkehr auf den Landstraßen beginnt rund um Palma ein Verkehrswirrwarr wie in allen Großstädten. Den Hinweisschildern zu den Parkplätzen folgen. Auf einem Verkehrsschild ist der Name »Palma« übersprayt und »ciutat« danebengesetzt. »La ciutat«, so nennen die Mallorquiner ihre Stadt. In den Katakomben an der Kathedrale gibt es Parkmöglichkeiten. Eventuelle Staus bei der Einfahrt sollten einen aber nicht davon abhalten, sich einzureihen. Nachdem man die Schranke in den Untergrund passiert hat, eröffnet sich die unendliche Weite des Parkraums. Grüne Lämpchen signalisieren einem die freien Parkplätze. Wer soll da sein Auto wiederfinden? Deshalb unbedingt beachten: Parkplatznummer merken!

Wenn man schon an der Kathedrale ist, kann man ja auch mal reinschauen. Eine Menschentraube steht vor dem Eingang, Eintritt vier Euro. Auch die Kirche muss sehen, wie sie zurechtkommt. Die Kathedrale ist gotisch. Gotik soll ja deshalb entstanden sein, weil der Mensch Gott so näher sein kann. Es war wohl eher das Gegenteil beabsichtigt: den Menschen klein, ängstlich und demütig zu machen. Die Sonnenstrahlen zeichnen durch die Fenstermosaiken bunte Farben an die graubraunen Säulen. Vorne rechts ist ein Bereich von Miquel Barceló neugestaltet. Das beeindruckende Keramikfresko scheint wie eine Welle aus dem Gotikbau herauszubrechen und über dem Betrachter zusammenzuschlagen. Thema ist die wundersame Vermehrung von Brot und Fischen.

Vor der Kirche steckt einem ein freundliches Mädchen ein paar Blumen in die Hemdtasche. Ob sie dafür einen kleinen Obolus haben kann? Na klar! 50 Cent. Nein, meint sie, das sei zu viel, guckt in das geöffnete Portemonnaie und greift flink nach den Geldscheinen. Bis man merkt, was passiert, ist sie mit ihrer Kumpanin in der Menge verschwunden. Hallo, da sind wir wieder in der Wirklichkeit. Dann doch lieber selbst das Geld ausgeben, zum Beispiel für Schuhe: Ein schickes Paar greifen, der Verkäuferin zeigen und sie fragend angucken.

»Sechsundvierzig?«

»?«

»Fourty-six?«

»Oh no, sorry.«

So kann man auch Geld sparen.

Auf der Plaça Major stehen drei gelangweilte junge Brasilianer mit nackten Oberkörpern. Sie sind sich ihrer Schönheit bewusst. Eine füllige Engländerin möchte am liebsten mal die »Muckis« der drei anfassen. Sie traut sich aber nicht. Das Musikinstrument des einen besteht aus einem gebogenen Holzstock und einem ausgehöhlten Kürbis, über den eine Saite gespannt ist. Darauf versucht er zu spielen. Der zweite schlägt auf einer großen Trommel den Rhythmus. Der dritte bewegt sich dazu und macht als Höhepunkt einen Salto vorwärts. Dann ist Schluss. Und sie gehen mit einem Beutel zu den Zuschauern, die ganz schnell versuchen zu flüchten.

Eine blaue Figur steht denkmalgleich an einer Laterne. Steckt man ihr Geld zu, bewegt sie sich und nimmt einen Schluck aus einer blauen Flasche. Weil das so lustig ist, wiederholt sich das Spiel ständig.

Gleich daneben ist ein weiteres Denkmal dabei, sich zu einem Bergmann zu verkleiden. Noch ist er nicht fertig, seine Glatze bleibt ungeschminkt.

In der Nähe des Hafens auf einer Plaça schlagen sich Tapasbars um die Gunst der Touristen. Welcher Stuhl gehört zu welcher Bar? »Pan con aioli« ist verdammt teuer, das Bier auch, also einen »Café con leche«.

Genug von der »ciutat« gesehen. Das Auto suchen und wiederfinden. Aus der Parkgarage kommend, wird man weiter in nordwestliche Richtung geführt, wo man gar nicht hin will. Keine Chance abzubiegen. Es ist verboten. Nach einigen Kilometern darf man umkehren, und so hat man die Möglichkeit, an den Luxusjachten der Reichen vorbeizufahren.

Auf einem Plakat am Straßenrand bietet ein Billigflugunternehmer Reisen nach London, Prag und Kopenhagen an.

Was soll man denn da?

Die »ciutat« reicht doch völlig.

55. GRUND

Weil Schuhe im »Recamper Factory Outlet« billiger sind

Der Outletverkauf für Schuhe der Firma Camper in Inca in der »Poligono Industrial« ist nicht ganz leicht zu finden. Er befindet sich im Industrieviertel der Stadt. Von der Durchgangsstraße in Richtung Palma den Hinweisschildern folgen. McDonald's ist da und eine Tankstelle, zwischen Aldi, Lidl und Ford liegt die Halle der Firma Camper. Hier kaufen Leute ein, die von sich behaupten, dass sie Marxisten sind, aber nicht die von Karl Marx, sondern von Groucho Marx, also Sozialisten der Mittelschicht, denen es nicht schlecht geht und die möchten, dass es allen anderen so geht wie ihnen selbst.

In der Halle wird mit großen weißen Buchstaben auf rotem Grund in drei Sprachen darauf hingewiesen, welches Geschäftsprinzip hier verfolgt wird. Da wird doch einem Groucho-Marxisten warm uns Herz, er kauft Schuhe und macht dabei noch die Dritte Welt glücklich:

»Dies ist kein Schuhgeschäft. Dies ist: The recamper shop. Hier finden Sie überflüssige Waren, Prototypen, Muster und Schuhe, die nicht in den Verkauf gelangten. Aber vor allem die Verpflichtung, den Gewinn zur Finanzierung eines Umweltprogramms unserer

Produkte zu verwenden. Um als Unternehmen und als Menschen jeden Tag für das, was wir auf die Welt bringen, mehr Verantwortung zu übernehmen. Dieses Anliegen zu verwirklichen, wird nur durch Sie möglich. Vielen Dank für Ihr Kommen und Ihren Einkauf!«

Okay, die Ladenfläche erinnert an einen Konsumladen aus DDR-Zeiten. Entsprechend ist der Service, es gibt keinen, nur an der Kasse stehen junge Mädchen, die einem den zweiten Schuh heraussuchen und dann auch schnell abkassieren wollen und daran erinnern, dass ein Umtausch nicht möglich ist. Ansonsten bedient sich jeder bei seinen Schuhgrößen, die mit Kreide auf Tafeln an den Tischen angezeigt sind. Ab Größe 45 wird es allerdings sehr, sehr eng. Menschen mit solchen Schuhgrößen müssen ganz tapfer sein, denn sie werden wohl nur in Ausnahmefällen etwas für sich finden. Frauen sollten auch nicht zu viel erwarten. Es soll sogar Frauen geben, die ohne Tüte den Laden verlassen, und das soll schon etwas heißen! Also, beim Betreten nicht enttäuscht sein und nach kurzem Rundumblick verkünden: »Och nee, das sind alte Modelle, olle Reste, komm, wir gehen wieder.« Man kann sich solch einen Schuh auch schönreden und sollte nicht zu voreilig den Laden verlassen. Also, ein wenig Zeit lassen und auch ruhig mal unter die Tischfläche schauen. Dann probieren, probieren, probieren. Es können sich Überraschungen auftun. »Och, der sieht eigentlich ganz gut aus. Und der sitzt, mit dem kann man ja sogar gehen.« Nun ja, und der Preis ist meist auch noch unter den Internetangeboten zu Hause.

Und das Konzept scheint aufzugehen, denn seit Kurzem hat man den Laden erweitert.

Auf den Einkaufstüten steht: GREEN YELLOW CAMPER GREY BROWN und auf der Rückseite: WHITE PURPLE GREEN CAMPER BLUE MAGENTA BLACK: Wunderbar, da weiß doch jeder, wo man war.

56. GRUND

Weil man Männer in Sandalen und Socken sehen kann

Es gibt Zehenstegsandalen, Sandaletten, Holzsandalen, Kneippsandalen mit Kreuzriemchenbefestigung, Trekkingsandalen, Römersandalen oder auch Jesuslatschen genannt und einen Song von Carl Perkins, den Elvis mal gesungen hat – *Blue Suede Shoes*: »You can burn my house, steal my car, drink my liquor from an old fruit jar, do anything that you want to do but uh-uh lay off of my sandals« oder so ähnlich. Muss doch was dran sein an der allgemeinen Liebe zu den Sandalen. Aber was passiert, wenn die Sandalen mit Socken getragen werden? Da tritt dann eine merkwürdige Außenwirkung ein.

Das soll ja typisch deutsch sein, Dosenbier und Jogginghosen, in langen Unterhosen den Wagen waschen, Currywurst mit Ketchup und natürlich Socken in Sandalen. Warum tut man sich das an? Sollen doch die Sonne und die Luft endlich mal an die Füße kommen. Das ganze Jahr über ist es an den Füßen feuchtwarm wie in den Tropen. Da tut doch mal eine frische Brise gut.

Befürworter der Socken in Sandalen sagen, das macht man wegen der kleinen Steinchen in den Sandalen. Damit man keine Blasen und wunden Stellen an den Füßen bekommt. Das scheuert doch, ist unbequem und außerdem, wer sagt denn bitte, dass das hässlich aussehen soll. Sind doch nur so Pseudointellektuelle, die sich ungefragt dazu aufschwingen, ihre Meinung zu äußern. So eine Sandale saugt sich doch voll mit Fußflüssigkeit, und wenn man nur ein Paar mitgenommen hat, hat so eine Sandale keine Chance, sich zu regenerieren. Und so entsteht über die Zeit so ein stinkendes, bakteriengetränktes Etwas, das früher einmal eine ansehnliche Sandale war.

Außerdem geht vielleicht die Selbstkritik so weit, dass man sich sagt, lieber den anderen Menschen Socken in Flechtsandalen mit Schnalle zumuten als nackte Füße, die nun noch eine größere Zumutung sein können. Im Übrigen, bei den Frauen ist es der letzte

Schrei, High Heels mit Socken und – noch einer drauf – mit Kniestrümpfen zu tragen! Und die schön schrumpelig hängen lassen, also nicht so hochziehen. Warum soll das bei Frauen total sexy sein und bei Männern abtörnend? Das versteh mal einer!

Warum überhaupt die Aufregung ob mit oder ohne. Muss doch jeder selber wissen. Die Mode ist doch keine Diktatur. Es sei denn, Karl Lagerfeld liefe einem über den Weg und würde einen direkt schmallippig auf die modische Entgleisung ansprechen und dann seinen gepuderten weißen Pferdeschwanz unwillig zurückwerfen und einen mitten in der Menge stehen lassen. Nein, nein, der Mann hat Stil, das würde er nicht machen. Der würde sich vielleicht nur was dabei denken, wahrscheinlich nicht mal das. Der soll ja seine Socken nach dem ersten Tragen wegwerfen. Das kann sich ein Mallorca-Reisender nun wirklich nicht leisten. Die müssen gewaschen werden. Karl Lagerfeld weiß bestimmt gar nichts davon, welche Probleme mit verschwundenen, verfärbten, sich auflösenden Socken verbunden sind.

57. GRUND

Weil man keinen Schimmer vom vielfältigen Perlenschimmerangebot hat

Mallorca ist bekannt dafür, dass man dort wunderbare Perlen kaufen kann. Schöne Frauen schmücken sich damit, sogar Sophia Loren war mal hier, wie große Bilder an der Wand aus den 50erJahren einer Manufaktur zeigen. So stellt sich die Frage, kauft man nun so eine Kette, damit die Partnerin etwas von dem Glanz abbekommt, den Sophia Loren auch ohne Perlenkette einmal ausgestrahlt hat? Die Werbung für dieses Produkt ist allgegenwärtig. An fast jeder Straßenkreuzung wird auf die Perlen hingewiesen, sodass man sich dem letztlich nicht verschließen kann. Von Palma aus kommend landet man am Ortseingang von Manacor in der größten Perlenfabrik der Insel, »Majorica«. Der Vorsatz, nichts kaufen zu wollen, kommt dann vor Ort einigermaßen ins Wanken. Die lichtdurchflutete Verkaufshalle ist so geschickt gestaltet, dass es schon einiges an Selbstdisziplin verlangt, asketisch von dannen zu schreiten. Ja, schön, ist alles ganz interessant, doch lieber nicht.

Oder vielleicht ja doch? Man könnte der Mutter zu Weihnachten Ohrclips schenken. So was trägt sie doch. Wie hoch sind denn bitte die Kosten? Wie? Nein, die Kosten sind es nicht, die einen verwirrt zurücklassen, es ist die Auswahl. Die Perlenohrclips gibt es in Hunderten von Variationen. Das beginnt mit der Größe, dann weiter mit der Form der Perle, dem Farbschimmer, der Oberflächenqualität, dem Verschluss und nicht zuletzt mit unendlichen Verzierungsvarianten um die Perle herum. Nach einer geraumen Zeit scheint Frau sich entschieden zu haben, fragt Mann zur Bestätigung nach seiner Meinung, die er nicht hat. Da entdeckt sie weitere Verkaufstresen, an denen ja auch noch Ohrclips angeboten werden. Vielleicht sind da ja noch schönere dabei. Also, ab zum nächsten Tresen, einmal ganz im Kreis herum. Die Verkäuferin zaubert weitere Paletten unter dem Tresen hervor. Da kann Frau schon mal ein paar Stündchen verbringen, darauf sollte Mann sich einstellen. Und da sie sich dann letztendlich zwischen zwei Angeboten nicht entscheiden kann, hat sie eine Superidee. Wir nehmen beide! Mutter kann sich dann ein Paar aussuchen und sie selber hat dann auch gleich noch ein paar hübsche Clips. Sie hat bisher zwar nie welche getragen, aber das kann sich ja nun ändern.

Der Gründer der Firma, der deutsche Unternehmer Eduard Friedrich Hugo Heusch, der Anfang des letzten Jahrhunderts nach Mallorca ging, hatte bereits 1897 ein besonderes patentiertes Verfahren entwickelt, mit dem man aus Muschelgrind und Fischschuppen wunderschöne Perlen machen kann. Sie können je nach Gusto durch Beimischungen von farbigen Mineralien in verschiedenen Farbtönungen geliefert werden. Sie lassen sich auch für den Experten kaum von einer natürlichen Perle unterscheiden. Wie auch immer, wer sich für einen Kauf entscheidet, kann sicher sein, dass die Perlenmanufaktur den größten Gewinn machen wird, denn für einen größeren Perlenklunker an der Halskette muss man schon mal knappe 80 Euro hinblättern. Aber das ist dann doch letztendlich alles kleinkariertes bürgerliches Denken, ein lächerlicher Betrag, wenn man sieht, wie die Perle am Hals einer Frau ihre Schönheit unterstreicht. Im Glücksfall ergänzen sich Perle und Frau zu einem wunderbaren Ensemble, im anderen Falle kommt die Perle in ihrer Schönheit besonders zur Geltung.

Aber auch Zuchtperlen haben ihren Preis, da kommt die Mallorca-Variante relativ günstig daher. Natürlich gibt es auch hier Qualitäts- und damit verbunden Preisunterschiede. Letztendlich dürfte aber für den Rest des Urlaubs noch ein bisschen Geld übrig bleiben, vielleicht kann man ja zum Ausgleich dem Mann eine kleine Schnorchelkombination zum Tauchen kaufen. Er könnte dann ja eine echte Perle finden.

58. GRUND

Weil man bestimmte Dinge von dort mitnehmen kann, aber nicht muss

Die menschliche Natur ist so angelegt, dass sie schöne Erlebnisse konservieren möchte. Man möchte sich als Erinnerung bestimmte Dinge bewahren, bei sich behalten, damit man in dunkleren Tagen etwas hat, was einen erfreut. Da gibt es auf Mallorca viele Dinge, die diesen Anspruch erfüllen:

- *Hierbas – Kräuterlikör*
- *Sobrasada – streichbare Wurst*
- *Flor de sal – Salz*
- *Ziegenkäse*

- *Arbequina-Olivenöl*
- *Lederhandtasche und Ledermantel aus Inca*
- *Feigen*
- *Mandellikör*
- *Turrón-Naschkram bestehend aus Mandeln und Honig*
- *rote Erde*
- *Sand vom Strand Es Trenc*
- *flache Steine vom Cap de Ses Salines*
- *einen Ableger von einer blauen Stranddistel, die in den Sanddünen am Meer zu finden sind*
- *eine handgeflochtene Korbtasche*
- *Mittelmeerwasser*
- *Ensaimadas – süße Teigschnecken*
- *Olivenholz*
- *Perlen aus Manacor*
- *ein abgelaufenes Flugticket nach Palma*
- *Schüsseln aus Keramik in rotbrauner Färbung*
- *Orangen und Zitronen gepflückt vom Baum*
- *CDs mit spanischer Gitarrenmusik*
- *Wein aus Binissalem*
- *einen Kunstdruck von Miró*
- *Schuhe*
- *Glaswaren*
- *Parfüm*
- *Serrano-Schinken*
- *Salchichón payes – eine luftgetrocknete Salami im Naturdarm*
- *einen Kranz aus Peperoni*
- *ein Liter Fischsuppe*
- *Paella-Gewürze*
- *Kaktusfeigen*
- *Melonen*
- *gewebte Tischdecken im typischen Design*
- *Robes de Llengües – sogenannte Zungenstoffe*

Ja, das kann man alles von dort mitbringen, man kann es aber auch lassen, denn wie soll das bitte schön transportiert werden. Es soll ja Touristen geben, die mit halb leeren Koffern hinfliegen, um Platz für die ganzen Einkäufe zu haben. Hat man dann tatsächlich den Käse, die Würste und und und sicher nach Hause gebracht, wird man beim häuslichen Verzehr mit Sicherheit enttäuscht sein. Auf Mallorca schmeckte alles einfach viel besser. Auch der Wein schmeckt nicht mehr so. Ist das wirklich derselbe? Selbst die CD mit der Gitarrenmusik, die einem in der Altstadt von Palma so gefiel, ist nun eher langweilig. Die Tischdecken und Kissenbezüge passen eigentlich auch nicht so richtig ins häusliche Ambiente. Und Orangen, Zitronen und Olivenöl kann man sich ganz bequem ohne Transportkosten direkt aus Soller schicken lassen.

Da ist es doch vernünftig, noch einmal darüber nachzudenken, was man wirklich braucht. Und der Gedanke setzt sich langsam durch, das mit den Mitbringseln doch lieber zu lassen, denn seine wahre Zufriedenheit findet man doch nur auf der Insel. Wahre Schätze findet man nur vor Ort.

59. GRUND

Weil man in einen englischen Pub gehen kann

Der Fan englischer Pubs sollte nach Großbritannien reisen. Wem das aber für den Urlaub als Ziel zu wenig ist, wer noch dazu mediterranes Ambiente sucht, ist auf Mallorca gut aufgehoben. Er findet dort unzählige Beispiele für englische und irische Trink- und Esskultur. Ein »Three Lions«, ein »Black Bull« oder ein »White Swan« gibt es eigentlich in jedem etwas größeren Ort.

Ein Pub ist ein Public House, steht also der Öffentlichkeit zur Verfügung. Im Pub ist es meist dunkel, von außen sollte schwer erkennbar sein, wer sich darin aufhält. Man weiß ja nie, was die Leute so reden. Von innen sollte es gemütlich sein, eben wie zu Hause, Sofas, Teppiche, Holzmöbel. Natürlich wird hier Bier getrunken, Ale, Bitter, Lager oder Guinness, abgefüllt in »Pint«-Gläsern, etwas mehr als ein halber Liter. Dann wird noch »Strongbow« angeboten, eine Cidermarke. Cider, ein Apfelschaumwein. Vorsicht bei »Strongbow Black«, der einen relativ hohen Alkoholgehalt hat. Dazu wird »Fish and Chips« angeboten oder ein »Full English Breakfast«, serviert von neun bis zwölf Uhr: Bacon, sausage, fried eggs, hash brown beans, tomato and orange juice für vier Euro. Okay, wer's mag. Gleich am Tresen muss bezahlt werden.

An der Wand sind Riesenmonitore, die unentwegt Fußballspiele aus der Premier League zeigen. »All Live Sports shown on big TVs on sky HD«. Wenn gar nichts anderes mehr läuft, wird auch mal ein Spiel Nigeria gegen Swasiland gezeigt. Ist ja eigentlich auch egal, Hauptsache es bewegt sich was, und wenn es nur die Spieler mit dem Ball auf dem Monitor sind. An der Wand hängt ein Dartsboard und den Mittelpunkt des Raumes nimmt meist ein Snookertisch ein. Die Spielregeln von Snooker bleiben einer deutschen Seele verschlossen.

Normalerweise trinkt der Engländer sein Bier an der Theke. Will er zahlen, wartet er ab, bis der Wirt so weit ist. Ungeduldiges Winken mit dem Geld und Rufen nach dem Ober lässt den Rückschluss zu, dass es sich hier um einen deutschen Gast handeln muss. Trinkgeld ist nicht üblich.

Beliebt sind die Quiz-Abende im Pub: Wie heißt der Flughafen von Amsterdam? Wer schoss das entscheidende Tor in Wembley 1966 gegen Deutschland? Wie viele Kinder hat Adele? Was bedeutet »tranquilo« auf Englisch? Welche Flagge wird bei Badeverbot auf Mallorca gehisst?

Rauchen ist verboten, bei dem warmen mallorquinischen Wetter aber kein Problem, da man draußen weitertrinken und rauchen kann. »Last Order«, also letzte Bestellung vor Toresschluss um 23 Uhr, gibt es nicht mehr. Man kann sich mit dem »Drink up!« Zeit lassen.

Wem das alles zu englisch oder zu irisch ist, kann ja immer noch ins »Oberbayern« gehen. Das gibt es aber nur in S'Arenal.

60. GRUND

Weil es deutsche Presse gibt und man das Inselradio hören kann

Natürlich kann man deutsche Presse auf Mallorca in fast allen Shops, Supermärkten, Zeitungsläden oder in den »Tabacos« bekommen. Die Zeitungen sind vom selben Tag, den Fliegern sei Dank. Wer aber etwas Aktuelles über die Insel wissen will, wird von den üblichen Zeitungen aus Deutschland nicht richtig bedient. Diese Informationslücke füllen die *Mallorca Zeitung* und das *Mallorca Magazin*. Beide erscheinen wöchentlich, die *Mallorca Zeitung* donnerstags und das *Mallorca Magazin* freitags.

Hier erfährt man, dass Spaniens Erwachsene Schlusslicht der neuesten Pisastudie sind. Im Rechnen haben die Spanier zwischen 16 und 65 Jahren am schlechtesten abgeschnitten. Untersucht wurden Basiskompetenzen und Alltagsfähigkeiten in 24 Industrieländern. Die Japaner und die Skandinavier waren mal wieder die Besten. Aber wenigstens hatten die Deutschen mal nicht die rote Laterne.

In Andratx helfen Dutzende Freiwillige, die Waldbrandspuren des Feuers zu beseitigen. Und der Bürgermeister ist auch dabei. In Cala Millor kann man sich in die Wohnanlage Zafiro einkaufen. Haus 3 ist bezugsfertig: 230.000 Euro mit Parkplatz und Keller. Mieten könne man jetzt und kaufen später.

Das Alpha Institute fragt: »¿Habla Español?« (Sprechen Sie Spanisch?) Nöööööööööööööö. Damit soll nun Schluss sein, denn man soll nie mehr sprachlos sein. Endlich verstehen und mitreden. Wolfgang Kubicki macht auf Mallorca Urlaub und will die

FDP durch das Tal des Jammers führen. Jürgen Drews hat ein neues Album herausgebracht. Eine ganze Seite für die medizinische Versorgung auf der Insel. Wo gibt es 24-Stunden-Apotheken? Doktor Zahn hat eine Praxis mit Biss. Vier Seiten Rätselraten. Als Lösung für das Riesenkreuzworträtsel kommt: »¿COMO ESTA USTED?« (Wie geht es Ihnen?) heraus. Kontaktanzeigen: Einer will den Spieß mal umdrehen. Er sucht nach einem finanziellen Crash eine gut situierte Frau. Gegenleistung: Liebe, Zärtlichkeit, Verwöhnung u. v. m. Mann gut aussehend, sympathisch, frei, vital, mit vielen angenehmen Attributen. Bitte mit Bildzuschriften unter mail@gmx.de. Am Ende Veranstaltungstipps für die Woche: Bühne, Klassik, Tradition und Ausstellungen. Wo und wann finden die Märkte statt? Und wie wird das Wetter nächste Woche? Natürlich schön.

Das Inselradio berichtet von der schönsten Insel der Welt und gibt Tipps für Unternehmungen auf der Insel. Unterbrochen wird das Ganze von Musik und Werbung. Und so erfährt man unter anderem, dass es ein deutsches Outlet für Möbel und Küchengeräte in Inca gleich neben Lidl gibt, wie man seine Finca gegen böse Menschen schützt oder wo es die neuesten deutschen Kücheneinrichtungen gibt. Nahezu alle halbe Stunde wird das Wetter mit dem Wetter in Deutschland verglichen. So kann man sich immer wieder in gute Laune bringen. Und heute verziehen sich noch die letzten Wolken ganz schnell, sodass nur noch ein »Fotowölkchen« zurückbleibt.

61. GRUND

Weil man überall Flagge oder Fahne zeigt

Zunächst einmal, warum zwei Begriffe für dasselbe? Besteht da überhaupt ein Unterschied? Besteht der Unterschied darin, dass Flaggen auf See wehen, in der Seefahrt zu Hause sind, und Fahnen nur an Land zu finden sind? Im Grundgesetz der Bundesrepublik Deutschland steht, dass die Farben der Bundesflagge »Schwarz-Rot-Gold« sind, und die kann ja bekanntermaßen auf See und an Land wehen. Man weiß es also nicht so genau. Es ist ja auch eigentlich völlig wurscht, denn Flaggen oder Fahnen haben etwas Besonderes, sie sind flatterhaft, besonders dann, wenn der Wind dort hineinweht.

Auf Mallorca weht die deutsche Flagge selten, meistens nur vor größeren Restaurants oder Geschäften, gleich neben dem »Union Jack«. Wohl eine Geste an die Gäste aus denjenigen Ländern, die die meisten Touristen auf der Insel stellen. Damit alle angesprochen sind, hängt man noch die blaue Flagge mit den im Kreis angeordneten zwölf gelben Sternen auf. So nach dem Motto: »Hey, kommt rein, hier seid ihr gerne gesehen. Wir wollen euer Geld.«

Auf Mallorca herrscht an den Fahnenmasten Gelb-Rot-Gelb-Rot-Gelb-Rot-Gelb-Rot-Gelb vor, längsgestreift. In der linken oberen Ecke ist auf lilafarbenem Untergrund eine fünftorige Burganlage zu sehen. Es ist die Flagge der Balearischen Inseln. Macht also Sinn, wenn man diese hier wehen lässt und damit seine Selbstständigkeit gegenüber Spanien betonen kann. Wem das egal ist, der hängt daneben dann die spanische Flagge auf. Gehört doch alles zusammen, denn am Ende sind es doch nur mit unterschiedlichen Farben bedruckte Stoffe, die die Brise vom Meer oder vom Land her schön flattern lässt.

Flaggen müssen gepflegt werden, dürfen nicht ausgefranst oder gar dreckig sein. Ein Fahnenfreak kann so etwas nicht ertragen. Was macht das denn für einen Eindruck? Das geht doch gar nicht. Da kommt doch dann gar keine Urlaubsstimmung auf.

Flaggen von Bedeutung findet man an den Stränden von Mallorca. Sie sind blau. In der Mitte zeigen sie ein rundes weißes Feld, in dem drei symbolische Wellen zu erkennen sind. Sie sollen auf besondere Qualität und Sicherheit aufmerksam machen. Es gibt an einigen Stränden dann noch grüne, gelbe, rote und lila Flaggen, die hinweisen auf: »Keine Gefahr!«, »Vorsicht!«, »Gefahr!« und »Quallen!«.

Sportfans, Nationalisten oder wer auch immer können sich auch Flaggen ins Gesicht malen. Da kann dann aber nichts im Winde wehen, höchstens die Alkoholfahne, die man aus der Tapasbar mitgebracht hat. Die ist nicht zu sehen, dafür kann man sie aber umso besser riechen. Am Steuer eines Autos wäre so eine Fahne unverantwortlich und führt auch auf Mallorca bei Kontrolle durch die Guardia Civil zum Entzug des Führerscheins.

Dann doch lieber einer Fahne im Hafen von Porto Cristo zusehen, wie sie der Naturgewalt des Windes folgt.

62. GRUND

Weil man trotz einiger Missverständnisse zu seinem Ziel kommt

Von zu Hause aus schaut man sich im Internet das Angebot an Ferienwohnungen an. Geht man auf die Seite eines der größten Anbieter, werden einem bei der Eingabe 11.061 Angebote gemacht. Meine Güte, na ja, erst mal ein wenig stöbern. Bald stößt man auf Angebote von Fincas, die sehen so was von toll aus, dass einem der Atem stockt. Beim Blick auf die Wochenmiete bekommt man dann Schnappatmung. Die Frau wird herbeigerufen. »Jetzt guck dir diese Traumhäuser mal an! Wer kann sich so was schon leisten?« Die Frau hat den Blick für das Wesentliche und stellt nüchtern fest, dass da aber auch zehn Personen schlafen können. Und so kommt man auf die Idee, solch einen Traum mit mehreren zu mieten, dann kommt man doch locker zu bezahlbaren Angeboten. Die Freunde sind schnell gefunden und so mietet man eine Finca zu acht. Wichtig: Für jedes Paar ein eigenes Bad! Kein Problem!

Der Treffpunkt mit dem Vermieter ist in Es Carritxo an der Kirche. Was für ein Name: Es Carritxo. Hört sich nach texanischer Grenzstadt zu Mexiko an. Und gleich werden die glorreichen Sieben auf ihren Pferden hier aufkreuzen und die Stadt von dem Banditen Calvera und seinen Leuten befreien, Yul Brynner und Horst Buchholz sei Dank. Der Wind weht den braunen Sand durch die öde Straße an der Kirche.

Ein junges Mädchen steigt aus ihrem Wagen. Vielleicht die Enkelin von Paloma Picasso, wer weiß? Ja, sie ist für die Vermittlung der Finca zuständig. Sie fährt vorweg und bringt gerade die Freundlichkeit auf, die unbedingt nötig ist, sodass man gerade noch von einer emotionalen Verstimmung und verbalen Rüge absieht. Beim Einbiegen auf das Grundstück kommt man ins Staunen, es sieht wirklich so aus wie auf den Fotos, eigentlich noch schöner. Die Finca ist für heiße Sommer gebaut, innen eher dunkel zum Schutz vor der Sonne. Das sah im Internet freundlicher aus. Jetzt ist Herbst und der dazugehörige Pool ist kalt. Bezahlt werden muss im Voraus, bar auf die Hand oder auf den Tisch. Das zaubert für einen kurzen Augenblick ein Lächeln auf das ebenmäßige Gesicht der jungen Frau. Und bitte den Schlüssel bei Verlassen der Finca rechts neben dem Eingangstor in die schwarze Box legen und einen vierstelligen Code drücken. Aha! Schon ist sie weg. Hat das einer verstanden? Nö. Na, wird schon.

Das Haus wird in Besitz genommen. Alles sehr gepflegt und sauber. Jeder hat seine speziellen Vorlieben, sodass zunächst einmal alles inspiziert werden muss. Läuft das warme Wasser, ist der Duschstrahl okay, funktioniert die Klimaanlage, sind Spültabs da, wie sieht es mit Toilettenpapier aus, gibt es eine vernünftige Kaffeemaschine, sind die Betten groß genug, zu weich oder zu hart, gibt es deutsche Fernsehprogramme …

Auf dem Tisch steht eine Flasche Wein aus eigenem Anbau zur Begrüßung.

Am nächsten Tag Brötchen holen im nächsten Ort. Mal in das Navigationsgerät eingeben: »Las Concos«. Das Navigationsgerät schlägt den Weg vor: Nach Palma, von dort mit der Fähre nach Barcelona und dann weiter nach Valencia, da liegt der Ort. Fürs

Brötchenholen wohl doch ein wenig zu weit. Dann wird der gesuchte Ort doch anders heißen. Wie wäre es denn mal mit »Cas Concos«. Das geht schon besser. Aber wo ist ein Supermercado im Ort? Der erste Versuch, einen Mallorquiner zu fragen, schlägt fehl, irgendwas mit »izquierda« (links) und dann »derecha« (rechts) oder so. Der Weg endet in einem »Camino sin salida«, einer Sackgasse. Nach der zweiten Nachfrage endet der Weg endlich beim Supermercado: »pan blanco« (Weißbrot), »pan moreno« (Mischbrot) und »panyuelos« (Papiertaschentücher) kaufen. Wie ist es doch schön, wenn man verstanden wird und endlich dazu kommt, seine Nase zu putzen.

63. GRUND

Weil man täglich Märkte auf der Insel besuchen kann

Der Markt in Palma, der Mercat de l'Olivar, direkt an der Plaça de l'Olivar, ist der größte seiner Art auf der Insel. Hier kriegt man alles, was das Herz in kulinarischer Hinsicht begehrt: Obst, Gemüse, Fleisch, Wurst und vor allem Fisch in unglaublicher Artenvielfalt. Bars laden ein, ein Paradies für die Sinne. Menschenmengen wühlen sich durch die schmalen Gänge, halten Ausschau nach etwas Besonderem. Ein Ereignis, das man sich nicht entgehen lassen darf.

Doch kann man Ähnliches auch in den kleineren Orten der Insel, so zum Beispiel auf dem Sonntagsmarkt in Felanitx, der von 9 bis 13 Uhr stattfindet, erleben. Dickbäuchige Menschen, tätowiert an der Wade und am linken Arm, täuschen Weltläufigkeit vor, schieben ihre Massen durch die Massen, die sich in den engen Gassen von Felanitx vom Kirchenvorplatz zum Mercat Municipal durchzwängen. Füße in Socken und Sandalen. T-Shirts mit Aufschriften laufen vorbei: »Bier formte diesen Körper« oder einfach nur »Jack Daniel's Tennessee Whiskey«. Frauen mit Amy-Winehouse-Frisuren wühlen in Spitzen-Dessous. Schwarze Hände flechten einem ungeduldigen Kind geduldig einen farbigen Kunstzopf ins Haar. In der großen Markthalle Menschengewirr, Stimmengewirr, es riecht nach allem, was das Herz begehrt, Augenfutter ohne Ende. Ein Wörterbuch oder ein Smartphone hilft beim Übersetzen:

Seleccion Mejillones – Miesmuscheln
Caballas – Makrelen
Bacalao – Stockfisch, Kabeljau
Queso de cabra – Ziegenkäse
Pasas sin pepitas – Rosinen ohne Kerne
Ciruelas – Zwetschgen
Cerezas – Kirschen
Paraguayos – Plattpfirsiche, nicht zu verwechseln mit der bekannten südamerikanischen Gruppe Luis Alberto del Parana y los Paraguayos.

Gegenüber der Markthalle, im Café d'es Mercat in der Carrer Major werden mallorquinische Spezialitäten angeboten. Es gibt dort aber auch einen guten und preiswerten Mittagstisch und hausgemachte Desserts, wie Crema catalana (gebrannte Creme mit einer festen Karamellschicht). Von der Wand lächelt eine 50er-Jahre-Schönheit auf die Gäste herab. Vor ihr steht ein Motorroller – eine »Lambretta«. An der Bar steht eine Schönheit der heutigen Zeit, eine Afrikanerin. Sie ist lang, jung, und es fällt schwer, sie nicht anzustarren. Sie trinkt graziös ihren Espresso, bezahlt, geht und verschwindet in der Menschenmenge.

Nächsten Sonntag ist wieder Markt in Felanitx.

Aber nicht nur in Felanitx. Man findet an jedem Tag in nahezu jeder Ecke der Insel unterschiedlich große Märkte. Außerdem findet man vorwiegend an den Wochenenden Trödel- und Kunstmärkte.

64. GRUND

Weil es scheint, dass am Ballermann viele ballaballa sind

Im Stadtteil S'Arenal von Palma findet man »Balnearios«, zu Deutsch »Badeorte« oder »Kurorte«. Diese Begriffe sind etwas irreführend, denn es handelt sich um Strand-, besser noch Promenadenbars, in denen man Cortado, Obstsäfte, Mineralwasser und Alkohol in verschiedenen Verabreichungen, auch in größeren Mengen, trinken kann. Der Volksmund hat daraus »Ballermann« gemacht. Die »Balnearios« sind Stahlkonstruktionen, die mit einem zum Teil sonnendurchlässigen Segel überspannt sind. Das spendet am Tag Schatten, in der Nacht wird durch zwei Lichtmasten das Areal erleuchtet. Darunter befinden sich Menschen, die feiern wollen, ausgiebig und wenn es geht, möglichst zügellos.

Verlässt man das Strandlokal in Richtung Meer, muss man einen Boulevard überqueren und über eine flache Mauer steigen. Auf der flachen Mauer sitzen Männer mit entblößtem Oberkörper und guter Laune und verkünden laut, dass sie in Stimmung sind. Vorbeiflanierende junge Frauen werden gesamtheitlich von der Gruppe aufgefordert: »Zeigt mir euren nackten Arsch!« Diese kommen der Aufforderung aber nicht nach. Einer aus der Gruppe hat ein Megaphon dabei, um seinen Äußerungen den nötigen Nachhall zu geben. 50 Meter weiter stehen vier Leute in grünen Uniformen. Sie sind von der »Guardia Civil« und beobachten eher schüchtern das Treiben auf dem Boulevard. Die Pistolen an ihrem Gürtel bleiben aber, wo sie sind. Männer in Lederhosen, sowie T-Shirts in Bayernfarben und Tirolerhüten verteilen für das Lokal »Oberbayern« Zettel, auf denen steht, dass heute Abend Frau Müller auftritt, die auf sich aufmerksam gemacht hat, weil sie die Dschungelkönigin 2014 geworden ist. Sie wird ihren Hit singen: *Ob Mann, ob Frau.* Und für jeden Liter Longdrink gibt es das »Bierkönig-T-Shirt« gratis.

Der »Megapark« hat täglich von elf Uhr vormittags bis fünf Uhr morgens geöffnet. Jetzt, um zwölf Uhr mittags, sind schon Hunderte dabei zu feiern. Auf Podesten tanzen gelangweilte Schönheiten in knappen Bikinis und versuchen, einige Gäste dazu zu bringen, auf das Podest zu steigen und mitzutanzen.

Das Lokal nebenan bietet eine Paella für zwei Personen mit einem Liter Sangría für 22,90 Euro an. T-Shirts mit der Aufschrift »Scheiß drauf! Malle ist nur einmal im Jahr!« sind zu haben.

Am Strand liegt eine füllige junge Frau in der Sonne. Auf ihrem Shirt steht: »Ich verlasse mich auf meine Sinne: Irrsinn. Wahnsinn. Blödsinn.« Ihre Haare hat sie an der Stirn pink gefärbt.

In einem Wust von Luftmatratzen und aufgeblasenen Gummitieren lagern dicht gedrängt Frauen- und Männergruppen, die ein Sonnenbad nehmen, sich aber aus den Augenwinkeln beäugen.

An einem Rondell liegt schlafend ein Mann. Er hält ein Sixpack von »San Miguel« fest in seinem Arm. Die Sonnenbrille ist ihm von der Nase gerutscht.

Eine Frauengruppe im gleichen Outfit – schwarzes T-Shirt: »Liebe Mädchen kommen in den Himmel, böse Mädchen fliegen nach Mallorca«. Sie tragen Trilby-Hüte à la Roger Cicero, orangefarben, knappe Shorts, Flip-Flops, pinkfarbene Sonnenbrillen.

Die Gruppe wird von schwarzen Händlern angesprochen. Sie bieten bunte Perücken, Sonnenbrillen und Uhren an. »Billig, billig!«

Im Tattoo-Laden kann man sich das Vereinsemblem von Bayern München stechen lassen. Als weiterer Service wird den Kunden, die länger bleiben, angeboten, dass das bereits gestochene Tattoo in ein paar Tagen noch einmal gratis nachgemalt wird.

Vom Strand aus kann man den Flugzeugen zusehen, die fast im Minutentakt geräuschvoll starten und landen.

Die Gemeindeverwaltung von Palma gibt auf einem Schild Verhaltensregeln in Spanisch, Englisch und Deutsch:

»Belästigen Sie nicht die anderen Besucher und respektieren Sie diese. Achten Sie darauf, regelmäßig Wasser und andere nichtalkoholische Getränke zu sich zu nehmen. Verwenden Sie Sonnenschutz und vermeiden Sie es, sich zwischen 12 und 16 Uhr der Sonnenbestrahlung auszusetzen. Sollten Sie gestochen werden, waschen Sie die Stelle gut mit Meerwasser und geben Sie verdünnten Ammoniak, Zitronensaft oder Essig darauf oder wenden Sie sich an die Strandaufsicht.« Dieses Schild trägt wohl eher zur Belustigung als zur Verhaltensänderung bei.

65. GRUND

Weil man an die Flower-Power-Zeit erinnert wird

Son Serra de Marina liegt im Nordwesten der Insel. Es ist ein ruhiger Ort an der Alcudia-Bucht. Leicht zu erreichen. Wenn man von Artà kommt, in Richtung Can Picafort nach rechts abbiegen, nicht zu übersehen, zu erkennen an einem weiß-rot gestrichenen Boot, das dort neben der Straße liegt. Dann der Straße folgen, nicht schneller als 40 km/h fahren und rechts vor links beachten. Man fährt direkt auf das Meer zu. Wenn es nicht mehr weitergeht, nach rechts. Man hat das Gefühl, man fährt durch eine Totenstadt, kein Mensch zu sehen. Halt, Vorsicht, von rechts kann schon mal ein Motorroller kommen. Und wenn man glaubt, diese Tristesse hört nie auf, dann am Ende, ja, dann hat man sein Ziel erreicht. Hurra, ein Parkplatz! Aussteigen, Brandung, eine wunderschöne Bucht. Strand so weit das Auge reicht, in die Sunshine-Bar »El Sol« hineinstolpern, ein Beach-Restaurant. Chill-Musik, sympathische Menschen, coole Bedienung. Auf dem Sofa niederlassen. Von dort aufs Meer hinaussehen, auf eine Bergkette. Vor einem der Strand, der am Ufer mit Seegras bedeckt ist. Der Strand geht in eine Dünenlandschaft über. Hier wachsen Strandhafer, Wachholder und Rosmarin. Die Strandaufsicht ist auch da. Sie thront auf ihrem Hochstuhl. Es kann also nichts passieren. Die Kiter und Surfer führen ihre akrobatischen Kunststücke gratis vor. Das Essen kommt. Fangfrischer Fisch, Pizza, Pasta, Salate, Wein und Bier werden von freundlichen jungen Leuten gebracht. Und irgendwie, man weiß auch nicht, irgendwie erinnert das alles an die Flower-Power-Zeit der 60er-Jahre. Jetzt fehlt nur noch, dass *If You Are Going To San Francisco* von Scott McKenzie gespielt und der Joint rumgereicht wird. Und wer jetzt weiter nach rechts den Strand entlanggehen will, ist irgendwann ganz allein. Und man denkt an Woodstock August 1969, als Jimi Hendrix zur Gitarre griff und sein legendäres Lied *And The Wind Cries Mallorca* spielte, oder hieß es vielleicht doch irgendwie anders? Na ja, ist schon so lange her.

66. GRUND

Weil man in Port d'Andratx Neues erleben kann

Port d'Andratx ist nicht unbedingt ein Ort, an den die ganz großen Touristenströme hinfließen. Es wurde oder wird viel gebaut, bevorzugt von reichen Briten und Deutschen. Obwohl der Hafen einmal für Fischer gebaut wurde, gibt es sie kaum noch. Die Luxusjachten der Reichen haben sie verdrängt. Neid bezüglich der Schiffe kommt nicht auf, eher Erleichterung, dass man so was nicht an der Hacke hat. Na ja, wer Geld hat, richtig viel Geld, dem ist das egal. Der kann sich auch eine Mannschaft leisten, die das ganze Jahr über so eine Jacht betreut. Dann kann der Bootseigner einmal im Jahr das Boot steuern, um es dann wieder seiner Mannschaft zu überlassen. Der Normalbürger hat eine gewisse Scheu, mit diesen vermeintlich »Reichen« ins Gespräch zu kommen. Da man im Urlaub aber meist locker drauf ist, sollte man die Gelegenheit nutzen, beim Bummel entlang der Schiffe einen Bootseigner anzusprechen. Nicht alle sind so locker drauf wie die »Geissens«, aber oft kann man sich nett unterhalten und bekommt eventuell noch ein paar Tipps mit auf den Weg. So zum Beispiel, dass man im »Vent de Tramuntana«, Carrer de Can Perot, gut essen gehen kann.

Wenn der Besucher sich dann wieder vom Hafen in Richtung Stadtmitte entfernt, betritt er eine Brücke, die über einen Bachlauf führt. Traditionell wird dieses Gebiet als geschützter Anlegeplatz für die kleineren »Llaüts«, sprich »Ljauts«, von Port Andratx genutzt. Das sind kleine Holzboote, die mit einer Fock, einem größeren Segel, dem Lateinersegel und einem Besansegel ausgestattet sind. Es ist wie ein Fischerboot mit einer robusten Bordwand ausgestattet, sodass auch bei hoher See das Schiff nicht kentert, wenn die Netze der Fischer an Bord gezogen werden. Heute sind nur noch wenige »Llaüts« mit Segeln unterwegs. Die ursprüngliche Form ist inzwischen abgewandelt. Es ist zum Vergnügungsschiff für Touristen geworden, ist auch als Motorjacht zu kriegen, ausgestattet mit sechs Schlafplätzen.

Am Ortsrand oberhalb des Hafens findet man tatsächlich das empfohlene Lokal, das »Vent de Tramuntana«, ohne Navigationsgerät nicht ganz leicht. Man wäre fast vorbeigefahren. Das wäre aber auch zu schade gewesen. Hier sitzt man unter Palmen im Garten, knabbert an den Oliven, dem Brot, dazu Aioli, genießt den vorzüglichen Fisch, trinkt den Wein. Man ist mal wieder selig.

67. GRUND

Weil man auch wieder zurückfliegen muss

»Ach Freund, geht es nicht auch dir so? Ich kann nur lieben, was ich die Freiheit habe auch zu verlassen.« Das ist der Anfang eines Gedichtes von Wolf Biermann. Damit meinte er wohl damals die DDR, in der er lebte. Bezogen auf Mallorca kann es mit der Liebe zu ihr auch nur funktionieren, wenn man wieder zurückkann, denn zu Hause weiß man dann erst wirklich, was man vermisst.

Der Tag des Abschieds ist gekommen, um 9.30 Uhr soll der Flieger gehen. Wenn man um 7 Uhr von seinem Domizil losfährt, wird das wohl allemal reichen, um rechtzeitig am Flieger zu sein.

Es reicht, aber man gerade so. Das Abgeben des Mietautos verzögert sich, weil man bei der Einfahrt zum Abgabeort die richtige Einfahrt verfehlt hat und nun im Parkhaus für die Tagesgäste gelandet ist. Zum Verlassen muss man das gezogene Ticket bezahlen, sonst kann man es nicht verlassen. Wo bezahlt man das Ticket? Keine Ahnung. Irgendwo wird dann doch noch ein Automat gefunden. Wieder raus auf die Straße und in einem weiten Bogen zurück, um nun endlich die richtige Einfahrt zu erwischen. Die Übergabe des Autos erfolgt ohne Schwierigkeiten. Der Zeiger der Uhr ist allerdings schon weiter als geplant. So macht sich leichte Hektik breit. Dass die Sandalen des letzten Strandausflugs unter dem Vordersitz stehen, wird man erst zu Hause bemerken.

Der Transport der Koffer zum Flughafen ist ein Kraftakt. Da bringen auch die endlos langen Laufbänder nicht wirklich eine Erleichterung. Zur Gepäckaufgabe muss man eine Etage tiefer. Also wieder abwärts. Die Frau am Schalter zur Gepäckaufgabe macht Dienst nach Vorschrift, weitere 15 Minuten vergehen. Beim Sicherheitscheck muss das Sonnenöl aus dem Handgepäck zurückgelassen werden. Auf dem Monitor wird der Flug nach Hamburg angezeigt: Gate C, Flugsteig 50. Der Weg dorthin führt durch die Geschäfte der zollfreien Waren, Kaufhausketten, schon wieder Schuhgeschäfte mit neuesten Modellen und Angeboten, Cafés und Bars mit dem heißersehnten Cappuccino. Das wird nun nichts. Ein Fußweg von weiteren zehn Minuten, wo bereits für den Flug »last call« aufgerufen wird. Schnell noch auf die Toilette, die hoffnungslos überfüllt ist. Dann zur Not auf die Behindertentoilette, die frei ist. Atemlos ins Flugzeug.

»Sie sitzen auf meinem Platz!«

»Nein.«

»Doch!«

»Stewardess, kommen Sie mal bitte!«

»Ja, Sie sitzen falsch. Sie müssen auf 18 F. Sie sitzen aber auf 19 F.«

Der Herr in der Sitzreihe davor sagt zu seinem Vordermann:

»Sie klemmen mich ein. Können Sie Ihre Rückenlehne aufrecht stellen?«

»Nein. Kann ich nicht. Muss ich auch nicht.«

Ein junges Mädel liest ein Buch. *Wir. Geil. ... Und du so?*

Pilot Hering begrüßt die Fluggäste und stellt das Wetter in Hamburg in Aussicht: wolkig, Regen, Temperatur neun Grad plus. Leider verzögert sich der Abflug um zehn Minuten, da noch ein Fluggast fehlt, der vor 20 Minuten aus Madrid gelandet ist und hoffentlich gleich hier auftauchen wird.

»Bitte den Gurt schließen, die Sitze senkrecht stellen.« Also doch senkrecht stellen!

Das Flugzeug hebt ab, noch einen Blick zurück. Man sieht Palma, die Strände und dann nur noch das Cap de Formentor, bis die Insel langsam in der Ferne verschwindet. Bis zum Servieren des Tomatensaftes hat man nun genügend Zeit zu überlegen, wann man denn das nächste Mal nach Mallorca fliegen kann.

68. GRUND

Weil man jedes Jahr auf die Reisemesse geht

Jedes Mal im Frühjahr werden die großen Reisemessen in den großen Städten abgehalten. Die Sehnsucht nach Sonne muss ausgenutzt werden, denn nur ein leidenschaftlicher Kunde ist ein guter Kunde. Und so strömen die Massen in die Messehallen und lassen sich mit Katalogen vollballern, die, in bereitgestellte Tüten gesteckt, nach und nach immer schwerer werden und unter Mühen nach Hause geschleppt werden.

Bei der Tiroler Almhütte einen Kaiserschmarrn und ein Leberkäs’ und »a Brezn« essen. Danach erfolgt ein Schieben durch die

Gänge und führt an Ständen vorbei, die für das Westfälische Land, das Sauerland, für Kurfasten werben. Weinproben sorgen dafür, dass mancher Besucher den glückseligen Blick kriegt und aus dieser Stimmung heraus Wein kauft, den er eigentlich gar nicht haben wollte.

Der Brasilien-Stand steht neben einer dänischen Pølserbude, wo man auch Softeis kriegt. Israel steht neben Irland. Dort singt ein Barde zum hundertsten Mal *Whiskey In The Jar*. Dazu kann man viel Guinness trinken. Großbritannien hat offensichtlich nicht nur Linksverkehr, sondern auch schöne Seiten zu bieten. An einem anderen Stand kann man Italienische Salami oder Almkäse kaufen, 100 Gramm zu fünf Euro.

Und dann plötzlich leuchtet einem aus der Halle B das Logo von Joan Miró entgegen: die mit einer schwarzen Linie eingefasste rote runde Fläche mit einem gelben Halbmond und einem schwarzen Stern. Okay, okay, auf anderer Seite schon mal erwähnt, aber das ist so schön, dass man es ruhig noch einmal erwähnen kann. »España«, man ist angekommen, man ist zu Hause und hört dem spanischen Akzent der Anbieter zu, die von grauhaarigen Touristen vollgelabert werden, die anscheinend im letzten Jahr in Barcelona bestohlen worden sind. Und dass man da nicht wieder hinfahren wird. Das muss schließlich auch mal gesagt werden. Da sollte der spanische Staat mal was machen, sonst blieben die Touristen allmählich alle weg. Schließlich leben die Spanier doch von den Touristen. Der Angestellte lächelt langmütig und fixiert einen imaginären Punkt an der Hallenwand. Ja, das Tourismusgeschäft ist eben auch harte Arbeit.

Auf dem Tresen liegen Prospekte von den »Illes Balears«. Mallorca: Lebe das Mittelmeer, La guia de Pollença, ein Ort, an dem seine Leute etwas zu erzählen haben, ein Reiseführer für Palma und Mallorcas versteckte Reize. Und wenn man schon mal da ist: auch mal den praktischen Stadtführer von Granada und Sevilla mitnehmen, aber das liegt ja in Andalusien. Wer will da schon hin?

KAPITEL 6

FLORA UND FAUNA

69. GRUND

Weil man im Schatten einer Aleppokiefer den Zikaden lauschen kann

Man kann Mallorca bei geschlossenen Augen auch mit der Nase erkunden. Was gibt es Schöneres, als wenn sich die Gerüche des südlichen Sommers miteinander vereinen, sich der Wohlgeruch von Apfel, Orange und Zitrone trifft mit dem salzigen Geschmack des Meeres, dazu das harzige Aroma einer schattenspendenden Kiefer. Akustisch bedarf es keiner Musik im Hintergrund, das erledigen die männlichen Zikaden. Dabei reiben sie ihre Flügel aneinander, sodass der typische Ton entsteht, der aber nicht für den genießenden Reisenden bestimmt ist, sondern für die Zikadendame, die sich offensichtlich nicht entscheiden kann, wen sie von den Grillherren erhören will. Wenn plötzlich das Geräusch verstummt, kann man davon ausgehen, dass das Männchen sein Weibchen gefunden hat. Das hält aber nicht lange an und wieder liegt das monotone Geräusch in der Luft.

Die meisten Bäume auf der Insel sind Kiefern. Eigentlich ist die Kiefer, die Aleppokiefer, hier gar nicht beheimatet. Irgendwann ist sie hier wohl zum Schutz vor Wind und Erosion angepflanzt worden und ist so nach und nach zu einer typischen Pflanze dieser Region geworden. Zu erkennen ist sie an der meist schirmartigen Krone und an den Nadeln, die paarig nebeneinanderliegen, bis zu zehn Zentimeter lang werden können und grünlich gefärbt sind. Die Zapfen sind eiförmig und haben je nach Reife eine grünliche, später rotbräunlich-graue Färbung. Die Rinde kann ebenfalls bräunlich-grau sein und rissig-schuppig. Die Pflanze ist sehr anspruchslos und erträgt hohe Temperaturschwankungen. Sie kann bis zu 20 Meter hoch werden. Ihr Erscheinungsbild variiert zwischen windgekrümmt-krüppeligen bis zu geraden, aufrecht gewachsenen Formen, die man in milderen Ecken der Insel findet.

Wird die Kiefer an der Rinde verletzt, dann blutet sie und gibt eine zähflüssige klebrige Masse ab, die bald gerinnt und ihre Farbe milchig verändert, denn frisches Harz besteht zum großen Teil aus flüchtigen aromatischen Stoffen, die verdunsten. Das nimmt die menschliche Nase als angenehm wahr. Wer sich Zapfen mit nach Hause nimmt, kann sie in die Nähe der Heizung legen, wo sie sich öffnen und noch Reste von Aromen freisetzen können, dann legt sich ein harziger Duft ganz zart in den Raum. Ja, hier bin ich, Mallorca!

70. GRUND

Weil man sich an Palmen erfreuen kann

Im norddeutschen Raum gibt es Palmen, die sogenannte Palme des Nordens, den Grünkohl. Der liebt die Kälte, Frost, Regen und Nebel. Das Klima im November ist genau das Richtige für ihn. Dann läuft diese Pflanze zur Hochform auf, frischgrün und knackig steht sie da und will geerntet werden. Ihre Blätteranordnung gleicht wirklich einer Palme, auch wenn sie erheblich kleiner als eine tropische Palme ist.

Die richtige Palme findet man hier aber nicht. Sie kann nämlich im Gegensatz zur Palme des Nordens keine Kälte und Nässe vertragen. Da lässt sie im wahrsten Sinn des Wortes schnell den Kopf hängen.

Es gibt über 180 Palmenarten auf der Welt. Ihr Stamm ist nicht verzweigt. Er bildet auch keine Jahresringe wie bei Bäumen in den entlegeneren Zonen jenseits der Subtropen. Das, weiß man doch, liegt am Klima und den Jahreszeiten und am Kambium. Das weiß man meistens nicht. Das Kambium oder der Kambiumring bildet ständig neue Zellen nach innen und nach außen, nach innen Holz, nach außen Bast. Die Palme hat oben eine Scheitelgrube, das ist das

Herz der Pflanze und sieht wie ein flacher Hügel aus. Beim Wachsen werden auf der Scheitelgrube neue Blätter gebildet. So entsteht die typische Form einer Palme, ein gleichbleibend dicker Stamm, auf dem die Blätterkrone sitzt.

Was man auf Mallorca vorfindet, ist meistens die Zwergpalme, mallorquinisch »palmito«. Auch die Dattelpalme (Phoenix canariensis) ist hier in der Antike angepflanzt worden. Beiden sagt man nach, dass sie sehr widerstandsfähig sind. Sie können sogar Waldbrände überstehen. Palmen stehen tief verwurzelt in der Erde. Die Blätter sind spiralförmig angeordnet und meist gefächert. Die abgestorbenen Blätter hängen wie ein Rock am Stamm herunter. Es macht dann Sinn, die Blätter vom Baum zu schneiden. Der »Bart« wird geschoren. Und um den Stamm glatt zu bekommen, steigen »Palmeros« (Palmenschäler), abgesichert mit Seilen, hinauf und beschneiden den Baum. Das muss sehr vorsichtig geschehen, sonst verletzt man ihn.

In letzter Zeit macht sich der Palmrüssler auf Mallorca breit. Gärtner empfehlen deshalb, die Palmen erst im Januar oder Februar zu beschneiden. Macht man das früher, scheidet die Palme einen besonderen Saft aus, der den Palmrüssler, den »Picudo rojo«, anzieht. Dieser Käfer ist 2006 nach Mallorca eingewandert und zerstört nach und nach die Pflanzen. Das hätte fatale Auswirkungen auf die Insel. Mallorca ohne Palmen wäre wie Grönland ohne Eis.

71. GRUND

Weil die Mandelblüte den Frühling einläutet

Auf Mallorca gibt es ungefähr sechs Millionen Mandelbäume, die die Täler der Insel im Frühjahr in ein märchenhaftes Weiß und Rosa einfärben. Anfang Februar bis März breitet sich der Duft der Mandelblüte über die Insel aus. Es riecht süß nach Blütenhonig. Die

Blüten drehen sich jetzt zur Sonne hin. Der Frühling steht vor der Tür. Wenn in Deutschland noch mit dem Winter gerungen wird und der Schnee viel Belastung bringt, ist der Blütenschnee von Mallorca von einer ganz anderen Qualität. Bienen und Hummeln hängen in der Luft und sind beschäftigt mit ihrer Aufgabe, von der sie nichts abhalten kann, denn das ist ihre Bestimmung. Unter den Bäumen blökt eines der ersten Lämmer des Jahres nach seiner Mutter und unter einem anderen Mandelbaum säugt ein Schaf sein Junges. Die Luft ist frisch und lässt ein gutes Jahr erahnen. Der Frühling kommt jetzt mit Macht. Hier ist die Welt noch in Ordnung, und der Wanderer schreitet befriedigt durch die Natur. Er braucht nicht mehr zu suchen, er hat sein Ziel gefunden, er ist angekommen. Aller Anfang trägt einen Zauber in sich, aber der ist nur kurz, denn bald schon werden die Mandelblüten abfallen und sich die Früchte etwa einen Monat nach der Mandelblüte ausbilden.

Im Herbst werden die Mandeln zu ernten sein. Das wird heute häufig maschinell gemacht. Ab und zu kann man aber auch noch die klassische Form des Erntens beobachten. Dazu werden große Netze unter den Bäumen ausgelegt. Mit langen Stöcken werden die Früchte von den Ästen geschlagen, die dann ins Netz fallen.

Die abgeflachten Steinfrüchte sind länglich und eiförmig, umgeben von einem flauschig behaarten Mantel. Sie werden nun zu knacken und zu schälen sein. Die Kerne sind noch von einer dünnen, bitter schmeckenden Haut zu befreien. Danach werden sie unter anderem zur Herstellung von Kosmetika, Likören und Marzipan verwendet. Auf Märkten findet man sie als gebrannte Mandeln wieder, ebenso in Oliven und zum Garnieren von Speisen. Sogar die Schale wird als Brennmaterial verwendet.

Eine der schönsten Verwendungen der Mandel ist der legendäre mallorquinische Mandelkuchen, der nahezu in jeder Bar, Kneipe oder jedem Restaurant angeboten wird. Den gibt es in sehr unterschiedlichen Qualitäten. Vorsicht ist geboten, wenn große Schilder auf der Straße stehen, auf denen in Deutsch »Kaffee und Mandelkuchen komplett im Set« angeboten werden. Das ist zwar oft günstig, die Qualität sowohl des Kaffees als auch des Mandelkuchens aber nicht unbedingt »deutsche Landfrauengüte«. Auch Cafés mit Loungesesseln und Gestühl aus schickem Rattangeflecht müssen nicht unbedingt ein Zeichen für qualitativ hochwertigen Kuchen sein. Wenn es echt sein soll, sollte man in die kleinen Bars ohne viel Schnickschnack gehen, die meist etwas abseits der Touristenrennstrecke liegen und in denen möglichst viele Einheimische auf einfachen Metall- oder Holzstühlen an kleinen runden Tischen sitzen.

Man kann sicher sein, im nächsten Frühjahr wird es wieder eine Mandelblüte geben. Zurzeit geht die Angst um, was die Mandelbäume betrifft. So wie vor etwa 100 Jahren auf der Insel Wein angebaut und durch die Reblaus nahezu vollständig vernichtet wurde, macht sich in jüngster Zeit ein Holzpilz breit und gefährdet die Mandelbäume. Aber man ist auf der Hut und man kann nur hoffen, dass rechtzeitig geeignete Gegenmaßnahmen getroffen werden.

72. GRUND

Weil Kakteen nicht nur Stacheln haben

Überall auf der Insel kann man Kakteen sehen. Sie stehen wie Unkraut an den Straßenrändern und Gärten, die von Mauern umgeben sind. Gartenfreunden sei ein Besuch des Kakteenparks »Botanicactus« in der Nähe von Ses Salines im Südosten der Insel empfohlen. Da Kakteen sehr pflegeleicht sind, werden sie auch gerne auf den Terrassen der Apartments zu Dekorationszwecken gepflanzt. Da heißt es schon mal genau hingucken, wenn man mit kleinen Kindern unterwegs ist. Anders als auf dem heimischen Fensterbrett haben die Kakteen auf Mallorca oft überdimensionale Ausmaße. Zwischen den Kakteen laufen Hühner, in deren Schatten sie friedlich leben können, sie kratzen den Boden auf und finden dort ihre Würmer und bedüngen den Boden gleichzeitig mit ihren Exkrementen, ein Mikrokosmos.

Ursprünglich ist die Pflanze gar nicht von hier. Die »Opunta ficus-indica« stammt wohl ursprünglich aus Mexiko. Auf ihren Blättern wachsen Kaktusfeigen. Wenn sie eine orangerötliche Färbung haben, sind sie reif. Ein Drucktest ist anzuraten, sie sollten sich weich anfühlen. Will man sie ernten, ist es ratsam, Handschuhe zu benutzen, dann aufschneiden und mit dem Löffel das Innere herausholen. Die Frucht ist saftig und hat einen süßsäuerlichen Geschmack. Sie enthält Kerne, die man aber mitessen kann. Man kann aus ihren Früchten Marmelade machen oder sie als Schweinefutter verwenden.

Kakteen brauchen milde Winter, Temperaturen, die nicht unter null Grad gehen. Sie können Wasser speichern, da sie oft in lebensfeindlichen Gegenden anzufinden sind.

Große Exemplare der Kakteen müssen in Westernfilmen oft als Erkennungszeichen herhalten. Die Eingangsszene macht da schon klar, in welcher Ecke der Welt man sich befindet: Mexiko oder Texas. Es dauert dann auch nicht lang, bis aus der Ferne der Held auf seinem Pferd dahergeritten kommt, immer schön herum um die riesigen Kandelaberkakteen, denn sie haben keine Blätter, aber weisen Bestachelungen auf, vor denen man sich vorsehen sollte. Das weiß der Mensch, das weiß das Tier. Wer will da schon hineinfallen.

In Südamerika wird auf Kakteen die Cochenilleschildlaus ausgesetzt, die von ihnen lebt. Sie produziert einen roten Farbstoff. Das Cochenillerot findet vielfältige Verwendung. Unter anderem wurde es dem Campari beigemischt, das ihm die typische rote Farbe verlieh. Heute verwendet man künstliche Produkte. Der Campari ist ein Aperitif, eigentlich ein Likör, den man sehr gut in warmen Ländern trinken kann, das geht auch in kalten Zonen der Welt, aber da tut sich bei Weitem nicht der Zauber des Getränks auf wie im heißen Süden. Es braucht einfach die Wärme. Das Getränk hat einen bitteren Geschmack und sollte daher als Mixgetränk genossen werden. Gut eignet sich frisch gepresster Orangensaft, dazu

Eiswürfel. Fertig! Und dann kann man der Cochenilleschildlaus gedenken, die nun nicht mehr das Rot für den Campari liefern darf, die ersetzt wurde durch künstliche Farbstoffe, und man kann die Kaktee hochleben lassen, die so typisch ist für Mallorca.

73. GRUND

Weil Mücken auch nachts ungeahnte Möglichkeiten der Beschäftigung bieten

Vor Mücken ist man fast nirgends sicher. Auch nicht auf Mallorca. Wer gerne Ziel dieser Plagegeister ist und auf Stiche überempfindlich reagiert, sollte bei der Buchung des Quartiers darauf achten, dass die Fenster mit Fliegengittern versehen sind.

Weltweit gibt es mindestens 3.500 Arten von Stechmücken, in Europa sind es gut 100. Sie sind schon seit 100 Millionen Jahren auf der Welt, schon eine Ewigkeit vor den Menschen da. Alle haben sie einen Saugrüssel, mit dem sie ihre Nahrung aufnehmen, unter anderem das Blut der Menschen. Dagegen hat der Mensch natürlich was, weil der Einstich mit dem Rüssel als unangenehm empfunden wird und er zu erheblichen Irritationen der Haut führen kann, was sich in Form von Juckreiz und Schwellungen bemerkbar macht. Die Mücken haben einen ausgeprägten Geruchssinn und können Menschen schon auf 100 Meter Entfernung wahrnehmen. Körpergeruch spielt eine Rolle und Kohlendioxid, das der Mensch ausatmet. Am Tag hilft da, sämtliche Blößen zu bedecken und ätherische Öle zu benutzen. Sonst helfen im Haus Fliegengitter in den Fenstern oder des Nachts Mosquitonetze über dem Bett. Weil Mücken beim Fliegen ihre Flügel schwingen, entsteht ein Geräusch. Sie lassen ihre Flügel mit 600 Hertz schwingen. Hertz ist die Maßeinheit für sich wiederholende Schwingungen in der Sekunde. 600 Hertz nimmt der Mensch als unangenehmes Sirren wahr.

Ist man einmal gestochen worden, helfen Salben. Kühlen geht auch. Man kann auch die eigene Spucke zur Linderung benutzen. Hilft aber alles nicht wirklich. Am wirksamsten sind Stifte, die man vor Ort in der Apotheke bekommt. Sie enthalten Kortison und sind deshalb in Deutschland nicht zugelassen. Kratzen hilft nicht, das kann wiederum zu Entzündungen führen. Ganz Ausgebuffte haben in ihrem Reisegepäck ein tennisschlägerartiges Elektrogerät dabei, das man über das Wesen hält, das dann beim Versuch der Flucht sich im kleinmaschigen Gitter des Gerätes verfängt und dabei blitzschnell verkokelt und einen merkwürdigen Geruch, aber keinen Fleck auf der Wand hinterlässt. Selbst im Flug kann man sie relativ gut erwischen. Wem das zu aufwendig erscheint oder zu sadistisch – eine zusammengerollte Zeitung oder ein Handtuch können auch Hilfe bei der Jagd geben. Hierbei aber darauf achten, dass man sich ganz langsam und ruhig dem Wesen nähert. Eine Mücke zu erwischen ist nicht einfach, denn durch den erzeugten Luftdruck beim Schlagen wird sie meistens schon aufgescheucht, fliegt davon und treibt weiter ihr Unwesen. Eine getroffene Mücke hinterlässt beim Jäger ein wohliges Gefühl der Erleichterung und an der Wand meistens einen hässlichen Blutfleck. Hier ist abzuwägen, was man möchte. Der Ästhet lässt eine Mücke leben, weil er mit dem brutalen Akt des Tötens nicht einverstanden ist und sich über einen Fleck an der geweißten Wand ärgern würde. Da nimmt er lieber den Mückenstich in Kauf. Der Pragmatiker schlägt zu und freut sich seines Sieges über den Tyrannen. Der rote Fleck an der Wand ist wie ein Skalp, wie eine Trophäe von einem Todfeind. Die Mallorquiner sagen »Mosquito« und werden durch dieses Tier genauso belästigt wie der Tourist. Vor der Mücke sind eben alle Menschen gleich. Was für eine Beruhigung.

Nun gibt es aber gerade im Süden vermehrt Mücken, die irgendwie bösartige Zusatzstoffe ihren Stichen beigemixt haben. Hat man mit solch einem Stich, der sich entzündet und dick anschwillt, schon einmal Erfahrung gemacht, kann die Nacht kurz werden.

Äußerlich tragen die Mücken kein Erkennungszeichen, ob sie zur fiesen Truppe gehören, und so findet man als geplagter Schlafsuchender keine Ruhe vor dem immer wiederkehrenden Quälgeist. Schnell das Licht anmachen und versuchen, das nervende Wesen zu entdecken. Brillenträger haben es hier noch schwerer. Bis sie ihre Brille aufhaben, ist die Mücke schon wieder entschwirrt. Wird das Licht wieder ausgemacht, nähert sie sich in Kürze mit einem unverkennbaren Geräusch. Sollte man das Schlafgemach mit einem weniger empfindlichen Menschen teilen, kann es für den anderen zur Geduldsprobe werden. Da empfehlen sich Ohrstöpsel und Schlafmaske.

Die Doors mit Jim Morrison haben dazu einen Song gemacht: »No me moleste mosquito, why don't you go home, let me eat my burrito«. Burritos, mit Hackfleisch, Reis oder Käse gefüllte Tortillas aus Weizenmehl, ein Gericht aus Mexiko, isst man auf Mallorca eigentlich nicht, trotzdem sind die Leiden durch den Unruhestifter die gleichen. Muss sich ja auch reimen: Mosquito – Burrito; Mosquito – Bocadillo (belegtes Brötchen) geht da weniger. Jim Morrison singt so richtig schön genervt von der Stechmücke, die ihn so plagt, dass man förmlich spüren kann, wie er vergeblich nach ihr schlägt. Man muss mit ihm Mitleid haben. Ja, so kann Rock 'n' Roll auch sein!

74. GRUND

Weil nicht alle »Haustiere« willkommen sind

Der Urlauber im Allgemeinen äußert sich meistens herablassend über Ameisen und Kakerlaken. Geckos kommen meist besser weg. Dabei sollte man sich einmal in die armen Kreaturen versetzen. Sie waren doch schon lange vor den Menschen auf dieser Welt. Und jetzt versuchen diese trotzdem, ihnen den Garaus zu machen.

Ameisen findet man da, wo es was zu essen gibt. Wer sich darüber aufregt, sollte sein Essverhalten und dabei die Produktion von Krümeln überprüfen. Finden Ameisen Essensreste, können sich leicht ganze Ameisenstraßen entwickeln. Sie schleppen alles weg, ganze Hundertschaften sind fleißig dabei. Da hilft auch kein Staubsauger. Oder man ist besonders pfiffig und ordnet die Krümel im Kreis an. Dann werden die Ameisen ganz von alleine wieder herausmarschieren, so wie sie gekommen sind. Wenn man nicht ständig diesen Verkehr in der Wohnung haben möchte, wehrt man sich am besten dagegen, indem man die Wohnung sauber hält.

Die Kakerlake heißt auf Spanisch »Cucaracha«. Ein bekanntes Lied aus der mexikanischen Revolutionszeit erzählt von den Männern um Pancho Villa, dessen General Huerta, den man Cucaracha nannte, nur durch Alkohol- und Drogenkonsum, insbesondere Marihuana, in der Lage war, sich fortzubewegen. Das trifft auf mallorquinische Kakerlaken nicht zu, die können auch ohne Drogenkonsum sehr gut gehen, man kriegt sie nur am Tage meistens nicht zu sehen, denn sie verkriechen sich in Ritzen und Fugen. Sie meiden das Licht, sind schnell, zäh und fressen alles, was ihnen vor ihr Mundwerkzeug kommt. Sie bevorzugen einen feuchten Lebensraum. Sie sind nicht giftig, sind eiweißhaltig und gegrillt essbar. Ein Feingeist kann darauf aber gut verzichten. Er findet das einfach eklig. Gesundheitliche Gefahren sind dann gegeben, wenn die Kakerlake ihren Kot und ihre Speichelreste in Speisen zurücklässt. Das kann beim Menschen Allergien und Ekzeme auslösen und was weiß man denn noch so alles. Man kann mit Giftgas gegen sie vorgehen, was allerdings den Nachteil hat, dass man auch vergiftet wird oder die nächsten Tage sein Zimmer verlassen muss.

Wie gesagt, in Räumen sind sie eher selten zu finden. Da besonders Frauen beim Anblick einer Kakerlake leicht hysterische Anfälle bekommen wie beim Anblick einer Spinne, sollte der fürsorgliche männliche Begleiter versuchen, die Aufmerksamkeit der Frau in eine andere Richtung zu lenken. Vielleicht hat er ja Glück, und das Tier verschwindet in irgendeiner Ritze. So bleibt die Frau entspannt, der Mann hat seine Ruhe.

Geckos sind kleine Echsen. Sie sind besonders nachtaktiv und sehr schnell, manchmal kann man sie aber auch beim Sonnen sehen. An ihren Füßen haben sie saugnapfartige Zehen, mit denen sie auch kopfüber an der Wand hängen können. Sie sind nützlich, denn sie können Insekten fangen. Und außerdem sind sie putzig, daher sind sie wohl beliebt als exotisches Symbol auf allen möglichen Dingen wie Badetüchern, Keramiken, Biergläsern, Taschen und Kartenspielen. Sogar ihr Name muss für Lokale herhalten. Ganz Begeisterte lassen sich auch einen Gecko auf ihr Gesäß tätowieren. Na, wer's mag.

Ameisen oder Kakerlaken sieht man als Tattoo seltener. Warum eigentlich?

75. GRUND

Weil man beim Baden neben Seeigeln, Feuerquallen und Tintenfischen auch Polizistinnen begegnen kann

Neben den unliebsamen Tieren im Haus sollte man auch aufpassen, was einem so alles im Wasser begegnen kann. An dieser Stelle sei an das bereits erwähnte Petermännchen erinnert. Dieser Fisch ist aber nicht das einzige Wesen, das dort lebt.

Da ist zuerst der Seeigel, ein Stachelhäuter, der fast kugelförmig ist. Die Stacheln sind beweglich. Damit kriecht er auf dem Sandboden hin und her. So weit, so gut. Unangenehm wird es nur, wenn der ahnungslose Badende auf ein solches Wesen tritt. Dann brechen die Stacheln ab und bleiben im Fuß stecken. Sie sind schwer zu entfernen und der Fuß kann sich entzünden, was den Urlaubsgenuss nun wieder stark beeinträchtigt.

Ebenso ist der Kontakt mit Feuerquallen zu vermeiden. Sie werden durch Wind und Strömung an den Strand getrieben. Sie haben

Nesselzellen, aus denen sie ihr Gift abschießen können. Das kann zu schweren Verbrennungen auf der Haut führen, deshalb sofort mit Meerwasser abspülen, Kratzen hilft nicht. Essig könnte helfen, aber wer hat den am Strand schon dabei. Kühlung tut gut. Salben helfen auch, die man in den vielen Apotheken der Insel bekommt. Die sind zu erkennen an einem Kreuz, das von Neonlampen auffällig grün erleuchtet wird. Wer das alles vermeiden will, sollte in seinem haus- oder hoteleigenen Pool bleiben. Ob das nun immer so optimal ist, in einem Pool zu baden, der von anderen hoffentlich nur mit Schweiß und Sonnenöl versifft worden ist, deren die Filteranlage vielleicht nicht optimal Herr wird, bleibt Ermessenssache. Da lässt man sich doch vielleicht lieber von einer Feuerqualle annesseln.

Eine weitere Begegnung der besonderen Art kann man mit einem Tintenfisch haben. Jetzt ist mal nicht die Begegnung mit einem gebratenen Tintenfisch, zubereitet auf mallorquinische Art, gemeint, den man im Lokal serviert bekommt. Man kann diesen Tieren auch völlig unverhofft begegnen, und zwar in lebendiger Form, wenn zum Beispiel der geliebten Gattin an der Hafenmole in Porto Petro die Lesebrille von der Nase ins Wasser fällt. Dann ist der Kavalier gefordert, der entledigt sich seiner Kleidung und springt todesmutig in den Orkus des Hafenbeckens. Stolz taucht er nach kurzer Zeit mit der Brille in der Hand und einer achtarmigen Krake am Bein wieder auf. Beide Wesen sind davon so überrascht, dass sie schnell wieder voneinander lassen. Beim Aussteigen aus dem brackigen Hafengewässer gesellt sich ein drittes Wesen dazu, eine weibliche Polizistin mit Schreibblock und Kugelschreiber in der Hand. Sie erklärt in einem mallorquinischen Englisch, dass das Baden im Hafenbecken wegen der Motorboote lebensgefährlich ist, außerdem ist das Nacktbaden hier nun absolut verboten. Sie will aber ausnahmsweise noch einmal von einer Anzeige absehen, spricht aber hiermit eine sehr ernste Mahnung aus. Wie ein geprügelter Hund schleicht der Held davon. Auch wenn er das Gute will, die Welt ist immer gegen ihn.

Weil man am Strand so einiges finden kann

Neben dem üblichen Unrat – Plastikflaschen, abgelatschte Schuhe, Plastiktüten, Kondome –, den eine Zivilgesellschaft so hinterlässt, findet man auch biologische Anspülungen an den Stränden der Insel. So die Seebälle, auch Poseidonbälle genannt, bräunlich-grau, bestehend aus abgestorbenen Fasern, aus Blättern und Wurzelwerk. Ihnen begegnet man dort an allen Stränden. Diese Fasern werden vom Meer auf dem Sandgrund hin und her bewegt und verfilzen dadurch kugelartig und können die Größe eines Tennisballes erreichen. Kunsthandwerkern, die sich dem Filzen verschrieben haben, schlägt das Herz höher. Vielleicht lässt sich daraus etwas machen. Die Hauptarbeit hat das Meer für sie ja schon erledigt. Man kann sie aber auch wunderbar auseinanderpulen und sie dann dem Meer übergeben, das dann nichts anderes zu tun hat, als wieder einen neuen Seeball zu schaffen. Die Natur ist eben einfallslos, aber auf jeden Fall verlässlich. Diese Filzgebilde eignen sich auch hervorragend als Nadelkissen. Also, auf die Suche gehen und ein paar geeignete Exemplare ins Handgepäck legen.

Etwas anderes sind die graubraunen Haufen aus Seegras. Das wächst unter dem Meeresspiegel und versorgt somit das Meer mit Sauerstoff, säubert das Wasser und produziert Nahrung für die Fische. An den Stränden bauen sich die abgestorbenen Pflanzen manchmal zu großen dunklen Feldern auf, denn Strömung und Sturm reißen diese Pflanzen los. Der Geruch des abgestorbenen Grases ist eher unangenehm, den sensiblen Nasen stinkt es. Und wenn sich Sand darübergelegt hat, ist das Gehen darauf wie auf einem Wasserbett. Man sollte aber daran denken, dass diese Felder der Natur nützen, denn sie halten den Sandstrand fest und sorgen so für Stabilität der Küsten. Übrigens soll Seegras als Salat zu Fisch sehr gut schmecken.

Kurz hinter dem Strand – es wird nicht verraten, um welchen Strand es sich handelt – zwischen Stranddisteln, Strandhafer, Wacholder und kleinen krüppeligen Kiefern, steht ein hoher Drahtzaun, an dem ein Schild hängt: »Vedat privat de caça« oder auch »¡Coto privado de caza!«, was wohl als privates Jagdgebiet zu verstehen ist. Wer möchte schon als beim Überschreiten der Demarkationslinie erschossener Tourist am nächsten Tag in der Zeitung stehen. Na wunderbar, so bleibt einem wenigstens noch der Strand mit allen seinen Pflanzen. Ist doch auch was! Nur Vorsicht – wenn das Seegras wegen Belästigung der Touristen abtransportiert wird, hat das Meer eine größere Angriffsfläche auf den Strand. Der wird dann immer schmaler und am Ende bleibt nur noch der Zaun mit seinem Verbotsschild zurück. Vielleicht weicht ja das Meer davor zurück in der Sorge, dass geschossen wird. Das wäre allerdings eine Überraschung.

77. GRUND

Weil rote Erde, roter Mohn und rote Schafe oft eine Einheit bilden

»Terra vermells«, rote Erde, das fällt doch als Erstes auf, wenn man den Flughafen verlassen hat, und sich auf den Weg zu seinem Ziel macht. Vor 15 Millionen Jahren ist die rote Erde entstanden, Auswaschungen aus dem Boden, sogenannte Eisenoxidanteile. Das ist ein recht guter Boden, die Oberfläche trocknet zwar aus, hat aber eine einen Meter dicke Mächtigkeit, so kann der Boden auch bei langer Trockenheit Wasser speichern.

Für die Landwirtschaft ist der Boden geeignet, insbesondere für Weinanbau, Mandelbäume und Olivenbäume. Schafe liegen im Schatten der Bäume. Sie haben längst die Farbe der Erde angenommen und glotzen blöd auf den kargen Boden. Und so verbeißen sie die letzten noch vorhandenen vertrockneten Gräser, die es wagen, aus der roten Erde herauszuschauen. Obwohl die Schafe manchmal nicht zu sehen sind, nimmt man sie doch wahr, denn manche tragen Glocken. Schafsgeruch legt sich über das Land und lässt einen an Wolle denken, eingefärbt in Rot ist sie ja schon, wie die Abendsonne, die, wenn sie hinter den Wolken verschwindet, auch dafür sorgt, dass der Schafsgeruch verschwindet, der dann aber umso stärker wieder hervortritt, wenn die Sonne wieder an Kraft zunimmt.

Und dann ist es plötzlich wieder da, das Mallorca-Feeling: das leise Rauschen des Windes in den Olivenbäumen, die warmen Sonnenstrahlen auf der Haut, das monotone Zirpen der Zikaden, das einförmige Määäääääääääääääh der Schafe und entferntes Hundegebell. Ein brenzliges Aroma hängt in der Luft, bestimmt verursacht vom Bauern, der es mal wieder nicht lassen kann, seinen Unrat auf seinem Gelände zu verbrennen. Grauer Qualm zieht über das Land. Und so kratzt der Mallorca-Urlauber mit bloßen Händen den ausgetrockneten roten Boden auf und steckt ihn in eine Plastiktüte. Irgendwie will er doch dieses Lebensgefühl festhalten, mitnehmen, für die Ewigkeit bewahren.

Nur ganz entfernt ist das eintönige Geräusch der Autobahn zu hören, ein Flieger zieht gen Norden.

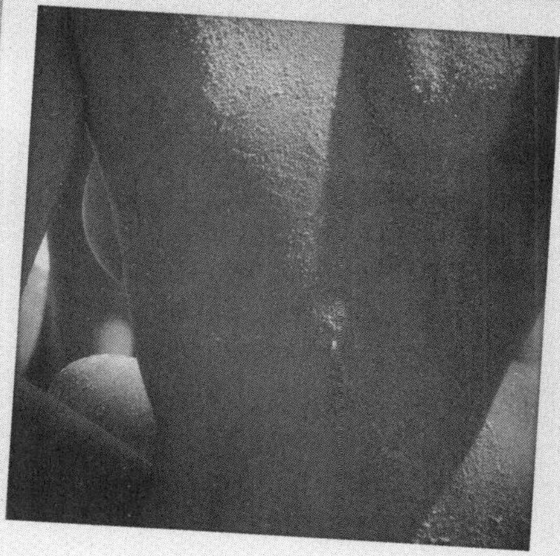

KAPITEL 7

ZWISCHEN-MENSCHLICHES

78. GRUND

Weil man durch die elektronischen Errungenschaften der Neuzeit mit der Heimat in Kontakt bleibt

Auf Mallorca ist man außerhalb der Reichweite des deutschen Telefonnetzes. Gleich nach der Landung das Smartphone einschalten und mit WhatsApp eine Nachricht nach Hause schicken, dass man gut angekommen ist und dass es schön warm ist. – Kein Netz! Na ja, wird schon kommen. Kommt aber nicht, bleibt dabei, kein Netz. Und obwohl man auf Mallorca ist, fühlt man sich plötzlich verloren und abgeschnitten von der sozialen Umwelt.

Kann es am Wetterleuchten liegen, das vielleicht Funkstörungen verursachen kann? Mal den nächsten Morgen abwarten. Wieder nichts. Erst mal frühstücken gehen. Der erste Morgen mit Café con leche, Blick auf den Hafen, Urlaubsatmosphäre, eigentlich schön. Aber so richtig genießen kann man es nicht.

»Das ist doch bescheuert, wenn wir keine Verbindung kriegen.« Von dem guten alten Handy hatte man sich verabschiedet, sich zur Anschaffung eines Smartphones überreden lassen, um auf Mallorca auch seine wichtigen Mails empfangen zu können. Außerdem sollten regelmäßig Bilder der Enkel geschickt werden, damit man sieht, dass das Leben zu Hause auch weitergeht. So muss sich ein Fisch auf dem Strand fühlen.

Noch mal probieren, kein Netz, keine Verbindung, keine Mails, nur der Hinweis: »Das Internet ist deaktiviert. Suchen Sie eine neue Netzverbindung.« Komischerweise haben aber alle anderen Gäste offensichtlich eine Verbindung, da sie unentwegt auf ihren Smartphones rumhantieren.

»Das kann doch nicht am Apparat liegen, das ist doch unsere Blödheit.«

Aber zum Glück gibt es WLAN, »Wireless Local Area Network«, also ein drahtloses Netzwerk, in das man sich einwählen kann.

Hier wird meist auch auf Wi-Fi hingewiesen, englisch »Weifei« ausgesprochen, was eigentlich nichts anderes ist. Um da mit seinem Smartphone reinzukommen, braucht man ein Passwort, das einem die freundliche Bedienung aus dem Hafenrestaurant sagt. Die Rettung!

So kann man wieder am Leben der Lieben zu Hause teilnehmen. Allerdings muss man jetzt mehrmals täglich das Lokal aufsuchen, was bei der Tagesplanung mitbedacht werden muss. Dann doch lieber kürzere Ausflüge und schnell noch mal checken, ob es neue Nachrichten gibt. So erfährt man, dass die Mittelohrentzündung der jüngsten Enkeltochter wieder abgeklungen ist, das Wetter zu Hause ist gut. Schade, das hätte doch auch anders sein können. Aber ein bisschen neidisch sollen die Zuhausegebliebenen denn doch werden. Ein Foto machen von der gereichten Vorspeise, zu der schwarze Oliven, eingelegt in Olivenöl, Zwiebeln und Knoblauch, gehören. Eine Hand dippt gerade das Weißbrot in den Olivenölsud. Daneben ist eine Schale mit Aioli zu sehen.

»Was macht ihr so den ganzen Tag? »

»Essen! »

Ein Wetterfoto vom mallorquinischen Regen wird gemacht, der aus den Abflussrohren sturzbachartig fließt. Es wird aber nicht gesendet. Das würde nur die Häme der Lieben in der Heimat fördern.

So müssen andere Bilder herhalten, die man verschicken kann. Zu den Bildern entstehen Dialoge, die man der Nachwelt doch gerne erhalten möchte.

»Papa in Palma. Papa im Pool. Brrr, kalt.«

»Wow! Das sieht aber wieder gut aus!«

»Isses auch.«

»Lasst es euch gut gehen!«

»Mmmmh, so schön!«

»Haben einen neuen Strand entdeckt!! War nur nicht so richtiges Strandwetter, aber schön!«

»Geil!!! Wo is der denn?«

»In der Nähe, wo wir mit Walter nett essen waren.«

»Wir gehen gerad nach Haus, hier steppt ganz schön der Bär. Bis bald.«

»Oh wie gruselig … Guten Flug! Wir freuen uns schon auf euch.«

»Sind wieder da, fahren grad nach Hause mit Taxi.«

»Schön.«

79. GRUND

Weil man von Nachbartischen Ausflugtipps bekommen kann

Wenn man nicht so recht weiß, welche Sehenswürdigkeiten es auf der Insel gibt, und man zu geizig ist, eines von den vielen Büchern mit Ausflugszielen und Insidertipps zu kaufen, dann bleibt einem nichts anderes übrig, als sich am Morgen in einem Dorfcafé neben deutsche Touristen zu setzen. Besonders ergiebig ist da ein Tisch mit grauhaarigen Leuten. Nach der Bestellung von Kaffee, Toast mit Schinken und Ei wird es nicht lange dauern, bis man am Tisch diskutiert, wie der heutige Tag zu verbringen ist.

»Also, lass uns doch mal nach Santanyí fahren, da wo sie diesen Film gedreht haben. Sach ma, wie heißt der noch mal.«

»Nur weil die da mal einen Film gedreht haben. Da ist doch sonst nix.«

»Na, denn zur Cala Santanyí.«

»Eigentlich auch uninteressant.«

»Wir waren doch mal da so am Wasser. Wie hieß das noch mal?«

»Ja, da war es schön, ja, wie hieß das noch mal.«

»Das war doch so oben, da ging man so. Weißt du, da war auch son Hafen.«

»Ja, Fi-gu-e-ra war das. Ja, so hieß das – Figu-era.«

»Was machen wir da?«

»Na, gucken, Kaffee trinken.«

»Und in die Berge nach Valldemossa? Da soll es ja auch so schön sein.«

»Da kauft Irene immer Schuhe.«

»Ich brauch keine Schuhe. Das geht doch auch so noch.«

»Wir können ja auch mal hoch ohne Berge. Randa soll schön sein. Das ist mittendrin. Auch nicht so weit.«

»Das soll ganz schön schwer zu fahren sein. Da sollen einem immer die Radfahrer entgegenbrettern.«

»Nee, das find ich auch nicht gut. Wenn so einer in der Kurve dir entgegenkommt, da kannst du nix machen, kannst du. Das sag ich dir, du. Nix, gar nix! Und denn krieg' se auch noch Schuld. Nee, ohne mich. Da mach ich nich mit.«

»Ja, und was ist mit Formentor, das soll ja mit am höchsten sein.«

»Nee, Randa is höher. Hab ich ausgedruckt. Aus 'n Internet, kann ich dir zeigen.«

»Na, die Berge sind ja wohl viel höher.«

»Und Petra? Wie ist das damit? Ist auch mittendrin.«

»Nee, nee, 'ne Petra hab ich schon. Seh ich täglich.«

»Und Andratx, wie heißt das – Port Andratx.«

»Ist mir nicht so geläufig, da ist dann aber die tolle Bucht mit e.«

»Was soll das denn sein?«

»Ja, irgendwas mit e – soll 'ne tolle Bucht sein. Da können wir nichts verkehrt machen.«

»Nee, da könnt ihr alleine fahren. Hab kein Badezeug mit.«

»Na, dann brauchen wir nicht zusammen in Urlaub fahren.«

»Dann lass uns nach Palma an 'n Hafen und immer die Küste lang. Hier ist ja nichts weit. Egal wo du bist, bist immer in einer Stunde wieder zu Hause.«

»Warst du auf 'm Klo?«

»Ja!«

»Wo ist das?«

»Irgendwo drinne auf der linken Seite.«

»Und woran erkennt man, dass das die Frauentoilette ist?«
»Da is sonne Figur mit 'm Kleid drauf.«
Und wenn man jetzt immer noch nicht weiß, wo man hin soll, kann man zumindest der Beschreibung folgen, wie man zum Klo kommt. Das ist doch auch was. Und auf dem Weg dorthin könnte es ja sein, dass da eine Karte von Mallorca hängt und man findet die tolle Bucht mit e.

80. GRUND

Weil es Socorristas gibt

Socorrista – lifeguard, so steht es auf seinem Hemd, er, der Lebensretter, der Bademeister, der Rettungsschwimmer. Was macht ein Rettungsschwimmer den ganzen Tag? Er überwacht den Strand, beobachtet das Strandgeschehen. Als Strandabschnittsbevollmächtigter muss er den Rettungsschwimmerschein, den Erste-Hilfe-Schein haben, körperlich fit und umsichtig sein, denn die Strömung, die Wellen, können einem unbedarften Badenden die Beine wegreißen und ihn auf die See hinausziehen. Er muss entscheiden, welche von seinen vielen Flaggen hochgezogen wird, wann das Baden lebensgefährlich ist, und muss ertragen, dass uneinsichtige Badende das nicht akzeptieren wollen. Wo hier bitte die Gefahr sei? Man sei doch schließlich auf Mallorca und nicht auf Hawaii. Das möchte man schon mal wissen. Man ist ja wohl alt genug, um Gefahren selber zu erkennen. Wo man sich doch den einwöchigen Urlaub vom Munde abgespart hat. Er soll sich mal hier nicht so aufspielen, der Spielverderber. Bringen das Geld ins Land und wie wird einem das gedankt?

Der Socorrista in der Cala Domingos hat einen stabilen hölzernen Hochsitz. Diese Cala gehört zu den Calas de Mallorca an der zentralen Ostküste, wo der Wellengang oft besonders hoch ist. Hier hat der Socorrista sein Königreich, das er zu bewachen hat. Der sich unter ihm befindliche Holzverschlag ist geöffnet. Darin liegen seine Rettungsutensilien, alles, was er braucht, um einen Unglücklichen zu retten, alles, vom Surfbrett über das Beatmungsgerät bis zur Trage. Damit ihm die Leute nicht zu nahe kommen, hat er eine rot-weiße Plastikkette um seinen Thron gelegt, die an vier Pflöcken festgezurrt ist. An seinem Hals hängt eine schwarze Trillerpfeife, mit der er die Badenden davor warnen und bewahren will, dass sie durch Wellen und Strömung an die Felswände gedrückt oder hinausgezogen werden in das große Mittelmeer. Da die Brandung aber tost, ist seine Trillerpfeife nicht oder kaum zu hören. Deshalb hisst er die rote Flagge und sperrt die Strandabschnitte rechts und links an den Felsen mit einem rot-weißen Band ab. Die Leute sind aber nicht zu bremsen, wann bietet das Mittelmeer schon einmal solche Brandung! Und so läuft der arme Mann trillerpfeifend und Arme schwenkend von rechts nach links und wird zusehends verzweifelter über die Unvernunft der Badegäste. Letztendlich bringen sie ja auch ihn in Gefahr, wenn er ins Wasser muss. Er setzt sein Megafon ein, aber nur die wenigsten reagieren.

In seinem ärmellosen weißen Unterhemd und seinen Bermudashorts steht er da wie ein Adonis. Sein braun gebrannter, sehniger Körper wird dadurch betont, die braunen Haare hat er zu einem Pferdeschwanz zusammengebunden. Sein Dreitagebart unterstreicht seinen verwegenen Blick, der seewärts gerichtet ist wie bei Kolumbus, der sich einst aufmachte, die Neue Welt zu entdecken. Die Neue Welt wird er heute hier wohl nicht entdecken. Er ist schon froh, wenn er seine reale Welt vor Ort in den Griff kriegt. Die bewundernden Blicke der Weiblichkeit nimmt er nicht wahr. Er hat Dienst, da würde so was nur stören und ablenken. Und so geht die Strandschönheit seufzend an ihm vorbei, wirft ihm einen schmachtenden Blick zu und steigt direkt vor ihm in die Brandung. Vielleicht rettet er sie ja, wenn sie von einer Welle umgerissen wird.

Ab 18 Uhr macht er Feierabend, da kann er sich dann wieder anderen Dingen des Lebens zuwenden. Aber bis dahin ist er da und vermittelt allen Anwesenden das Gefühl von Sicherheit.

81. GRUND

Weil sich junge Frauen am Strand anders verhalten als junge Männer

Die Sonnentage auf der Insel werden gezählt: etwa 300 gibt es davon im Jahr. Sie, die Sonne, scheint im Schnitt mehr als zehn Stunden am Tag, dazu weht oft ein leichter Wind, der den Aufenthalt im Freien erträglich macht, was zwangsläufig Auswirkungen auf die zu tragende Kleidung hat. Deshalb ein Tipp für die Reise, zumindest im Hochsommer: Jacke, Wollsachen zu Hause lassen, kurze Hosen, T-Shirts, Strandkleidung, Sachen aus Baumwolle und Leinen einpacken. Wahrscheinlich reichen zwei Bikinis und zwei Badehosen.

Damit sind wir wieder am Strand angelangt, dieses Mal am Strand von Port de Pollença im Nordwesten der Insel und damit auch bei der Strandmode, die sich im Laufe der Jahre doch stark verändert hat. Bikinis, die vor Jahren noch ein Hingucker waren und verglichen mit den heutigen noch einiges an Stoffanteil hatten, werden jetzt eher durch Spaghettitangas ersetzt. Da es eine junge Frau wohl eher nicht wagt, in diesem Aufzug an den Strand zu fahren, trägt man auf dem Weg dorthin kurze Jeans, deren Beinenden aber noch genug von den Rundungen des Pos zeigen. Das Schreiten mit der Badetasche und Sonnenschirm vom Auto zum Strand ist dann der erste Auftritt zu einem sich ständig wiederholenden Strandspektakel.

Nachdem sie am Strand ein passendes Areal für sich gefunden hat, beginnt die Zeremonie des sich Niederlassens, gefolgt vom Auskleiden, das sich über einige Zeit erstrecken kann. Das Strandtuch muss ausgebreitet werden, die Badetasche muss in einem bestimmten Winkel dazu stehen, der Sonnenschirm muss im Sand aufgestellt werden. Einen kleinen Sandberg mit den Händen anhäufen, das Strandtuch so drapieren, dass später der Kopf bequem und sauber auf dem Sandhügel abgelegt werden kann. Nun das T-Shirt, das bis über die Brust, aber nicht über den Bauchnabel reicht, mit beiden Armen über Kreuz über den Kopf ziehen, wobei es vorkommen kann, dass die Winzigkeit des Bikinioberteils leicht verrutscht. Das Ganze entsprechend langsam ordnen, bis alles wieder am richtigen Platz ist. Das kann schon mal ein paar Minuten dauern und das Interesse der umliegenden menschlichen Wesen auf sich ziehen, zu erkennen an den mehr oder weniger verstohlenen Blicken.

Männer gucken eher dümmlich bewundernd, Frauen eher skeptisch neidvoll. Das T-Shirt wird umständlich zusammengefaltet und in der Strandtasche verstaut. Nun sind die Strandschuhe dran, sogenannte »Espadrilles«, Mallorquiner sagen wohl »Espardenyes«, Schuhe aus Baumwolle, Sohle aus Hanffasern, wobei der hintere Schaftteil meistens heruntergetreten ist, wodurch der Schuh zu einem Schlupfschuh wird, der nachlässig beiläufig abgestreift wird. Die Schuhe werden ordentlich neben die Strandtasche gestellt. Die nackten Füße berühren zum ersten Mal den heißen Sandstrand. Nun kommt das Finale: Die Hose, die sowieso schon alles gezeigt hat, muss nun dran glauben. Den Knopf des Hosenbundes und den Reißverschluss öffnen, der ungefähr an der vermuteten Schambehaarung beginnt, wobei der Trend ja eher – ähnlich den Männerköpfen – zur Glattrasur geht. Bei den Männern ja durchaus nachvollziehbar, da eine fehlende Haarpracht nicht auffällt. Jetzt ein langsames Herausschälen aus dem Beinkleid, wobei genau darauf geachtet wird, dass nicht gleich der Stringtanga mit heruntergezogen wird. Es folgt ein artistisches elegantes Balancieren auf einem Bein, um aus dem einen Hosenbein herauszukommen. Ist die Hose erst einmal auf dem Boden, wird sie mit dem Fuß zur Strandtasche geschoben. Langsames Bücken zum Jeanshöschen, das nun auch sorgfältig liebevoll zusammengefaltet wird wie vorher das T-Shirt. Wenn sie nicht bereits schon die ganze Zeit eine Hugo-Boss-Sonnenbrille getragen hat, ist es jetzt Zeit, eine aufzusetzen. Sie rundet den Gesamteindruck ab und gibt der Trägerin den vielleicht noch fehlenden cool-intellektuellen Touch.

Nun erfolgt das Hinsetzen auf das Strandtuch und das Suchen in der Strandtasche nach einer Haarbürste, die nach umständlichem Kramen doch gefunden wird. Nun werden die langen blonden Haare durchgebürstet. Auch das kann einige Zeit in Anspruch nehmen. Am Ende des Vorganges werden die Haare mit der linken Hand ergriffen und zusammengehalten, sodass mit der rechten Hand die Haare in ein Haarband gezogen werden können. Jetzt kommt die Bürste wieder in die Strandtasche und der erste gelangweilte Blick über den Strand und das Meer ist möglich. Danach begibt sich die Strandschönheit mit angedeuteter Laszivität, schleichend-schreitend zu den Gestaden des Mittelmeeres. Die Wärme des Wassers fordert geradezu dazu auf, ein Bad zu nehmen, was aber nicht passiert, denn sie geht nur so weit hinein, bis die Waden umspült werden, dabei wird die linke Hand in der Hüfte abgestützt und minutenlang in dieser Haltung verharrt. Dann noch etwas Wasser über die Schultern und den Bauch laufen lassen, die leicht gebräunte Haut wird durch den Nasslook noch erotischer. Nachdem sie davon ausgehen kann, dass jeder, aber auch jeder mitbekommen hat, dass sie da ist, geht es zurück zu Strandtuch, Sonnenschirm und Strandtasche. Zunächst nicht abtrocknen, das verstärkt den Bräunungsvorgang – den Blick wieder zum Meer ausrichten. Nun beginnt das Einölen. Wenn weder Freund noch Freundin dabei ist, muss sie das selber machen und das kann in beiden Fällen auch wieder eine ganze Weile dauern. Das Sonnenöl hat zwar keinen großen Lichtschutzfaktor, gibt ihr aber einen gewissen Glanz und lässt die Haut zart und geschmeidig erscheinen.

Eine Strandschönheit sitzt selten in aufrechter Haltung. Nicht dass sie zu schwach dazu ist, nein, sie weiß, dass ihr Bauch in dieser Haltung Falten wirft; selbst wenn kein Bauchspeck vorhanden ist, lässt sich eine gewisse Plissierung der Haut nicht vermeiden. Also, flach legen, ein Bein leicht anwinkeln und ein kurzer prüfender Blick, ob das Oberteil noch über die Brustwarzen geht. »Oben ohne« ist nicht mehr angesagt. In einer Zeit, in der jeder Dussel mit seinem Handy ohne Aufwand ein Foto machen kann, muss man sich schon bedeckt halten, sonst ist man ganz plötzlich im Internet und alle Welt kann sich an der Bloßstellung aufgeilen. Nur beim Sonnenbaden auf dem Bauch ist ein geöffneter BH-Verschluss durchaus eine Überlegung wert.

Dann wird in der Strandtasche nach einem Sun-Lippenstift gesucht, der die Lippen schützen soll und gleichzeitig einen zarten Glanz zaubert. Noch einmal werden die langen Haare nach hinten geworfen und dann klingelt auch schon das Smartphone. Jetzt kommt Leben in den gehegten und gepflegten Körper. Und so kann man einer Konversation folgen, die irgendwo zwischen Französisch, Spanisch oder Italienisch angesiedelt ist. Zu früheren Zeiten stand an der Telefonzelle: »Fasse dich kurz!« Seit es die nicht mehr gibt, scheint es auch diese Regel nicht mehr zu geben. Wozu auch? Danach zur Strandbar gehen und einen Espresso trinken, beim Anheben der Tasse den kleinen Finger der rechten Hand leicht abspreizen, bezahlen und sich wieder zum Liegeplatz bewegen. Kopfhörer in die Ohren stecken, Musik hören. Die Rituale wiederholen sich, bis man so weit ist, wieder den Strand zu räumen und ins Hotel zurückzugehen.

Am Ende dieser Vorstellung wird sie ihre »Espardenyes« vergessen. Und so werden nur noch die Schuhe an das Ereignis erinnern, das sich heute am Strand abgespielt hat.

Aber keine Angst, die nächste Vorstellung beginnt spätestens am nächsten Tag, denn die Sonne wird garantiert wieder erscheinen und die junge Frau auch. Und vielleicht wird die Strandschöne von heute am nächsten Tag ihre »Espardenyes« wiederfinden, und so hätte diese Geschichte dann auch ein Happy End.

82. GRUND

Weil sich junge Männer am Strand anders verhalten als junge Frauen

Was ist für einen jungen Mann zu bedenken, wenn er an den Strand will? Eigentlich nichts.

Die Bademode für Männer interessiert ihn nicht, er trägt seine Bermudashorts wie immer. Gut beraten ist er, wenn er sportlich daherkommt. Zu knapp geschnittene Bademode kann schnell den Eindruck erwecken, dass es hier jemand nötig hat, mit seinem Body auf sich aufmerksam zu machen. Der sportliche Eindruck ist jedoch sehr wichtig, das kommt viel besser an als Aufdringlichkeit.

Sein Auftritt am Strand ist kaum vorbereitet. Gut, er weiß, was er will. Er will an den Strand und baden, hat auch vorgeplant und ein bisschen Geld mitgenommen. Er hat sonst nichts mit, also fast nichts, nur das, was er auf dem Körper trägt, Bermudashorts und T-Shirt. Sonnenbrille, Smartphone und seine Tattoos hat er immer dabei. Sonnencreme, Sonnenöl, Sonnenschirm, Kamm, Badetuch, Buch, Zeitung und was man sonst noch so alles an den Strand schleppen kann, ist nicht sein Ding. Er will ja nur mal baden, einmal untertauchen, wieder raus, mit den Freunden Strandvolleyball spielen und wieder rein ins Wasser. Wozu braucht er ein Handtuch, trocknet doch alles von alleine. Er hat nichts gegen das Flirten, aber da müsste man sich schon damit auskennen und die Signale verstehen, die von den Mädels ausgesendet werden.

Wenn ein junger Mann dagegen Aufmerksamkeit signalisieren möchte, richtet er seinen Oberkörper auf, streicht sich durchs Haar, zeigt beim Lächeln viel Zahn, fixiert ihren Blick, wenn sie ihn denn überhaupt anschaut, aber nicht zu lange anstarren, nicht länger als zwei Sekunden, das könnte als sexuelle Belästigung ausgelegt werden, ist also abtörnend. Wenn die junge Frau auf seine Zeichen reagiert, kann das einen jungen Mann mächtig herausfordern, in

Verwirrung bringen. Der Testosteronspiegel steigt, das Imponiergehabe kann beginnen, kann zu Selbstüberschätzung führen, die am Ende wieder peinlich sein kann. Gut, wenn man ein paar Anmachsprüche parat hat, immer locker bleiben.

»Würden Sie mir etwas Sonnenmilch leihen? Ich hab meine auf meiner Jacht vergessen« könnte überheblich rüberkommen.

»Ist der Platz neben Ihnen noch frei?« wird nicht immer witzig aufgenommen, sogar als Belästigung.

»Entschuldigung, Ihr Mops läuft frei herum« empfiehlt sich nur, wenn sie einen solchen Hund ohne Leine dabeihat.

Oder einfach mal über ihre Füße stolpern. »Mein Gott, wie konnte ich eine solche Schönheit übersehen!«

Und wenn er erfolglos ist, taucht er am späten Nachmittag noch einmal in die Fluten des salzigen Mittelmeeres und macht sich wieder auf den Weg. Vergessen kann er nichts, denn er hatte außer sich selbst ja nichts mitgenommen. Und so bleibt nichts zurück von seinem Strandbesuch, nur ein paar Fußspuren im Sand, die morgen nicht mehr zu sehen sind.

Aber keine Angst, die nächste Vorstellung beginnt spätestens am nächsten Tag, denn die Sonne wird garantiert wieder erscheinen und der junge Mann auch.

Und vielleicht wird er am nächsten Tag vor der Strandschönheit da sein und sie auf ihre vergessenen »Espardenyes« aufmerksam machen und braucht sich keinen dusseligen Anmachspruch auszudenken.

83. GRUND

Weil Brigitte Pareos am Strand von Es Trenc vorführt

Der Name Brigitte soll in diesem Fall nicht deutsch ausgesprochen werden, nein, Briejieet heißt sie und führt am Strand von Es Trenc zur Mittagszeit Strandmode vor.

Es Trenc ist einer der schönsten, längsten und feinsandigsten Strände der Insel. Die Dünen im Hintergrund erinnern an Sylt. Das flach abfallende, türkisfarbene Wasser versetzt einen gefühlsmäßig in die Karibik.

Dass Briejieet da ist, wird über die Lautsprecheranlage der Strandbar »Último paraiso« (Das letzte Paradies) angesagt, unterstützt mit nach vorn treibender Musik, was dann zur Folge hat, dass die träge Masse der Sonnenanbeter auf einmal in Bewegung kommt. Gleich einer Völkerwanderung geht man zügigen Schrittes zur Strandbar, wo Briejieet sich für ihren Auftritt ausstaffiert hat, das heißt, »ausstaffiert« ist das falsche Wort, denn außer einem Bonbon im Mund, einem Schürsenkel als Höschen und einer leichten Brise vom Meer trägt sie nichts. Sie hat die Aufmerksamkeit sowohl des männlichen Publikums, das bereits seine Fotoapparate gezückt hat, als auch der weiblichen Zuschauer. Sogar die Reichen von den Luxusjachten, die vor dem Strand ankern, kommen mit einem Beiboot zum Strand. Briejieet weiß um ihre Wirkung. Sie ist mit ihrem Freund da und sie haben Pareos, leichte Baumwollwickeltücher, anzubieten. Das Tuch windet sie sich um ihre ebenmäßige Hüfte und die Enden verschlingt sie miteinander. Dazu werden sie aufgedreht, stramm gezogen und um die Taille oder den Hals gebunden. Die Tücher sind in Blau-, Orange-, Rot-, Grün-, Erdigbraun- und Lilatönen bedruckt. Blumenmuster, Geckoformen, indianisches Dekor, abstrakte Ornamente, alles findet man. Und dann geht sie ihren »beachwalk«. Dazu brüllt aus dem Lautsprecher *Samba De Janeiro*, Schlagzeug, Bass, Trompeten, Trillerpfeifen. Samba als Lebensgefühl am Strand von Es Trenc, ein Gefühl von Freiheit. Zehn Schritte geradeaus, zehn Schritte zurück und dann ein neues Tuch umbinden. Ja, diesem Mädchen muss man doch so ein Tuch abkaufen. Das muss man doch machen. Ob sie sich noch mal mit diesem reizenden Tuch neben einen stellen könnte? Ein Foto davon vielleicht für die Lieben daheim? Eine krausmausgraue Frau fragt ihren Mann: »Ei, Pappa. – Siekst des Fluchzeusch? – Wie hoch des fliege täät!« Pappa lässt sich aber nicht ablenken. Und dann ist der Spuk so schnell, wie er gekommen ist, auch schon wieder vorbei.

Gut, man kann die gleiche Ware auch im nächsten Supermarkt für die Hälfte des Preises bekommen. Aber was ist das schon gegen den Auftritt von Briejieet am Strand von Es Trenc und die leichte Brise vom Meer.

Das »letzte Paradies« gibt es nicht mehr. Der Wirt musste schließen. Briejieet wurde auch nicht mehr gesehen. Sie sind aus dem Paradies vertrieben worden.

Aber den Strand von Es Trenc gibt es immer noch und Briejieet heißt jetzt Cindy oder Sandy. Aber die führen nichts vor. Die gehen einfach nur so am Strand entlang.

Dafür ist an der Cala Mondragó, weiter östlich gelegen, eine neue Briejieet aufgetaucht. Sie stakst ohne Musik umher, wechselt in atemberaubender Geschwindigkeit ihre Oberteile und verschwindet so schnell, wie sie aufgetaucht ist. Das Geschäft läuft wohl nicht so.

84. GRUND

Weil das Tragen einer Sonnenbrille unverzichtbar ist

Es gibt viele Brillen, die man zu bestimmten Anlässen trägt: so die Sonnen-, die Taucher-, die 3-D-, die Schweißerbrille, die Rennradbrille oder auch die Brille, um Sehschwächen auszugleichen.

Die 3-D- und die Schweißerbrille wird man auf Mallorca wohl weniger zu Gesicht bekommen. Dagegen begegnen einem täglich Rennradbrillen. Rennradfahrer, die überall unterwegs sind, tragen die windschnittigen getönten Modelle zum Schutz gegen Insekten und sonstige Unbilden der Straße. Macht der Radfahrer Rast, schiebt er seine Brille lässig auf die Stirn, blinzelt glücklich in die Landschaft und nimmt einen kräftigen Schluck aus seiner Trinkflasche.

Eine Brille hat Außenwirkung, besonders die Sonnenbrille. Sie ist auf Mallorca nicht wegzudenken, das Hauptaccessoire für Männer und Frauen aller Gesellschafts- und Altersgruppen. Besonders ausgefallene, überdimensionale Brillen tragen nicht unbedingt die Touristen, sondern gerne Einheimische. Beim Bummel über den Passeig del Born in Palma begegnen einem die schicksten und teuersten Markenmodelle.

Ein Sonnenbrillenträger wird in den meisten Fällen das Tragen einer solchen Gerätschaft damit begründen, dass er seine Augen gegen die UV-Strahlung schützen will, was ja Sinn ergibt. Deshalb sollte man sich für eine gute Brille entscheiden, die auch wirklich die schädliche UV-Strahlung herausfiltert. So was ist teuer. Auf eine billige Sonnenbrille kann man verzichten, dann lieber gar keine. Sonnenbrillen trägt man vor allem aber auch wegen des psychologischen Effektes. Die Umwelt findet das interessanter, aufregender und das meint man am Ende auch selbst. Es ist fast so wie auf dem Karneval in Venedig, wo man auch nicht weiß, wen man vor sich hat. Das Mienenspiel, das bewusste oder unbewusste, lässt sich kaum noch ablesen. Eine geheimnisvolle Aura kann entstehen.

Wie kann man diese Wirkung am besten erzielen?

Das bedarf schon der genauen Überlegung des Trägers. Irgendeine Sonnenbrille im nostalgischen John-Lennon-Stil macht die Ausstrahlungskraft noch lange nicht aus. Das wirkt eher lächerlich. Nein, nein, das muss schon alles zueinanderpassen, das Brillengestell zum ovalen, eckigen oder runden Gesicht passen. Daraus leitet sich wieder eine eckige, ovale oder runde Brillengestellform ab, um dem Gesicht die nötige Unterstützung zu gewähren – um modisch rüberzukommen.

Jack Nicholson hat einmal gesagt: »Wenn ich eine Sonnenbrille trage, bin ich Jack Nicholson. Ohne Sonnenbrille bin ich nur ein fetter 70-Jähriger.« So kann man sich belügen. Auch durch die Brille ist er nichts anderes, ein fetter 70-Jähriger, denn am Ende steht die Gewissheit: Man kann sich nicht hinter einer Sonnenbrille verstecken. Es sei denn, man muss ein blaues Auge, Tränensäcke oder sichtbare Narben der Schlupflideroperation verbergen.

85. GRUND

Weil man hier auch mal romantische Saiten aufziehen kann

Ein junger oder ein älterer Mann, der auf Mallorca den inneren Drang verspürt, sich dem anderen Geschlecht in Liebe zuzuwenden, sollte bestimmte Dinge vorher einplanen, damit es am Ende keinen Frust gibt.

Ist man über die erste Klippe der Annäherung hinausgekommen – man findet sich sympathisch, hat Vertrauen zueinander gefunden, will sich öfter sehen –, dann könnte vielleicht ein abendlicher Besuch im Apartment des Herrn angedacht werden.

Und hier ist man nun eindeutig im Vorteil gegenüber der heimischen Bleibe. Die Apartments sind meist geschmackvoll, sauber und modern eingerichtet. Der mallorquinische Einrichtungsstil lässt das Herz einer Frau höher schlagen. Warme, erdige Farbtöne bestimmen die lichten, eher spärlich möblierten Räume. Keine vollgestaubten Teppichböden, sondern schöne Terracottafliesen, keine Raufasertapeten, sondern gespachtelte Wände. Als Farbtupfer im Raum mallorquinische Keramik. Die typisch handgewebten Gardinen mit Zungenmuster hängen nicht an derben Holz-, sondern an leichten Metallstangen. An den Wänden sind keine Strahler, sondern Lampen hinter rötlichen Dachziegeln, die gedämpftes Licht geben.

Was kann man noch zusätzlich machen, um die Dame des Herzens zu beeindrucken?

Vorbereitende Maßnahmen: Kerzen anzünden, romantische Musik ganz leise stellen. Von Duftkerzen ist eher abzuraten, das könnte als zu dick aufgetragen empfunden werden. Sinnvoll wäre es auch, wenn das Zimmer einmal vernünftig durchgefegt würde. Nachlässigkeiten verzeiht das kritische Auge der Besucherin beim ersten Zusammentreffen nicht so leicht, allenfalls wie zufällig die *Süddeutsche* oder *Die Zeit* auf dem Tisch platzieren.

Wenn die Auserwählte am Abend dann endlich an der Eingangstür erscheint, ein nettes Lächeln zeigen und sie freundlich hereinbitten. Den Kasten Bier vorher in der Küche verstecken – das ist eher abtörnend. Da muss jetzt mindestens Wein her, am besten Sekt. Mit ihr auf die Terrasse gehen, den Sternenhimmel über Mallorca angucken, Sternschnuppen zusehen, sich was wünschen, den Geräuschen von der Straße lauschen. Einfach mal den Mund halten. Muss alles irgendwie spontan daherkommen, Handy ausstellen, dann die richtigen Worte wählen. Musik ja, aber nun nicht gerade *Start Me Up* von den Stones, das ist zu fordernd und so laut, dass man annehmen muss, dass man seine Auserwählte überfallen will und die Nachbarn auch. Ob nun die Wildecker Herzbuben die richtige Alternative sind und Stimmung machen? Man darf es bezweifeln. Dann doch lieber Drupi, das Beste aus Italien seit Erfindung der Spaghetti. Damit kann man nichts falsch machen. *Piccola e fragile*, da geht doch alles wie von selbst. Ansonsten *Slow Smooth Spanish Guitar*, da singt keiner und es entsteht so etwas wie ein weicher Klangteppich, auf dem man wunderbar gehen kann, und man spürt förmlich noch die Hitze des Tages und die leidenschaftliche Lebensfreude von Mallorca. Da lässt die für diesen Abend auserwählte Dame des Herzens sich gleich streicheln wie ein Cello.

Um weitere romantische Stimmung zu erzeugen, wäre jetzt etwas Essbares gut. Wenn man kein Händchen fürs Kochen hat und glaubt, eine Tiefkühlpizza täte es auch, dazu den Pizzakarton mit Plastikfolie noch auf dem Küchentisch liegen lässt, kann man den romantischen Abend gleich abhaken. Das geht gar nicht, denn gutes Essen gehört nun mal zu einem romantischen Abend. – Ja, was dann? Dann doch lieber aushäusig essen gehen. Gibt genug gute Lokale im Umfeld. Beim gemeinsamen Mahl, bitte, bitte daran denken, auf keinen Fall das Essen herunterschlingen. Zeit lassen! Sonst könnte es sein, dass der Herr sich schon mit dem Nachtisch beschäftigt, während sie gerade erst am Salatblatt der Vorspeise knabbert. Das lässt bei der gnädigen Dame vielleicht den Verdacht aufkommen, dass bei nachfolgender erotischer Annäherung auch schon alles vorbei ist, bevor es für sie gerade erst beginnt. So könnte sie noch hungrig auf der Bettkante sitzen, und er schnarcht schon gesättigt selig vor sich hin. Eine Albtraumvorstellung. Also, noch mal: Zeit lassen. Eile stört nur. Alles braucht seine Zeit.

Wenn das verstanden worden ist, ja, was jetzt?

Reden!

Aber bitte keinen ungehemmten Redefluss. Um Gottes Willen nicht von sich selbst und den blöden Arbeitskollegen und ebensolchem Chef erzählen, denn die Frau muss das Gefühl haben, im Mittelpunkt des Interesses zu stehen. Humor hilft da sehr. Ironie, Spott und Zynismus vermeiden, vor allen Dingen nicht romantisch glotzen. Alkohol okay, zu viel aber kann den Abend entgleisen lassen. Also, kein Zeitverschwenden mit dem, was gewesen ist und was noch kommt, der gegenwärtige Augenblick zählt, dann entstehen romantische Gefühle.

Und wenn man jetzt noch Unterstützung braucht, hilft Eric Clapton mit *Wonderful Tonight*. Der könnte einen zu der eher dümmlichen Aussage verleiten: »Oh, mein Schatz, du bist wundervoll heut Nacht.« Aber es stört ja nicht, wenn es gut ankommt, und gelogen ist es ja auch nicht. Und so tanzt man zu *Wonderful Tonight* die ganze Nacht durch, bis die Morgensonne durch die Gardinen scheint. Und einen kurzen Moment haben beide das Gefühl, dass die Zeit stehen geblieben ist. Ein Moment für die Ewigkeit.

86. GRUND

Weil man Straßenmusikanten zuhören kann

Wie verhält man sich in Lokalen, wenn Straßenmusikanten vorbeikommen und sich direkt vor einem aufbauen und *Cielito Lindo* vortragen:

»*Von der Sierra Morena,*
wunderschöne Herzliebste,
kommen zwei schwarze Augen,
du wunderschönes Himmelswesen
mit dem Kontrabass.
Ay, ay, ay, ay,
Singe und weine nicht,
denn Singen beglückt die Herzen,
du wunderschönes Himmelswesen.
Ein Pfeil der Liebe durchbohrte mich
und traf mein Herz.«

Ob das Singen dem Zuhörenmüssenden das Herz beglückt, ist nicht immer gewährleistet. Wilhelm Busch mit seinen Weisheiten kommt einem da in den Sinn: »Musik wird oft nicht schön gefunden, weil sie stets mit Geräusch verbunden«, und ob die Zeile »Du wunderschönes Himmelswesen« vor der Realität Bestand hat, ist auch nicht immer gesagt.

Ja, was macht man nun? Behandelt man Musiker wie Aussätzige, wie Schmeißfliegen? Haben die denn überhaupt eine Genehmigung, dürfen die hier spielen? Blickt man genervt vom Teller auf, hoffend, dass das Martyrium bald vorbei ist, oder empfindet man den musikalischen Beitrag als überraschende kulturelle Urlaubsbereicherung, wie einen Schmetterling im Sommer, der von Blume zu Blume tanzt und hofft, dort Nektar zu finden.

Diese Gedanken machen sich die drei Straßenmusikanten auf der Promenade von Cala Millor wohl nicht, und sie spulen, wie auch schon gestern und vorgestern, ihr Dreiliederrepertoire ab. Plötzlich verstummen sie, kein *Cielito Lindo* mehr. Dafür läuft ein vierter Mensch durch die Reihen des Lokals und hält seine Mütze den Gästen vor die Nase. Ein Euro wäre nicht schlecht. Dann verschwinden sie zum nächsten Lokal. Der zurückbleibende Gast atmet erleichtert auf, ein anderer findet es schade, dass die Schmetterlinge schon wieder weitergezogen sind.

Weitaus angenehmer werden meist die Straßenmusikanten empfunden, die nicht von Tisch zu Tisch ziehen, sondern sich ein schattiges Plätzchen gesucht haben, um dort zu musizieren. Wunderbar zu erleben an jedem Dienstag am Markttag in Artà im Nordosten der Insel. Sie drängen sich nicht auf, man muss keine Angst haben, dass in nächster Minute einem ein Hut vor die Nase gehalten wird. Auch ist ihr Repertoire umfangreicher. Oftmals spielen dort richtige Talente und man wird gefangen genommen von der Musik. Es wird im Rhythmus gewippt, kleine Kinder tanzen und springen dazu, Lebensfreude pur. Die Musik unterscheidet sich von der Straßenmusik zu Hause. Das liegt zum einen an der eigenen entspannten Haltung, zum anderen an der oftmals eher spanischen als englischen Musik und zum Dritten steht es sich unter einer Palme einfach schöner als in der Einkaufsstraße im Regen.

Man sollte aber nicht zu spät zum Markt nach Artà kommen. Ab 13 Uhr kann nur noch beim Einpacken und Aufräumen zugeschaut werden.

Dann kann man sich in eines der vielen gemütlichen Straßencafés setzen oder durch die kleinen Läden ohne Marktgetümmel schlendern.

87. GRUND

Weil man Peter Maffay besuchen kann

Viele Prominente leben auf der Insel, so auch Peter Maffay. Der schottet sich aber nicht von der Welt ab, sondern lädt sogar einmal im Jahr zu einem »Tag der offenen Tür« ein. Seine Finca »Can Sureda« mit angeschlossenem Bio-Laden liegt ein paar Kilometer vor Pollença. In der Zeitung steht, wie man zu ihr kommt. Auf dem Kreisverkehr in Pollença steht ein riesengroßer roter Hahn. Gleich daneben ist ein Parkplatz. Von dort aus holen Shuttlebusse die vielen Leute ab, die gerne zu ihm wollen. Da macht sich schon mal Unwille breit. Man steht hier schon fast eine Stunde. Das geht ja nun gar nicht. Und so ereignet sich beim Eintreffen der Busse Ähnliches wie zu früheren Sommer- oder Winterschlussverkäufen. Wer zuerst rücksichtslos drängelt, kommt zuerst rein. Ob das Kind nicht auf den Schoß kann? »Nein, das Kind hat wie ein Erwachsener ein Anrecht auf einen eigenen Platz. Ja, da muss man auch mal warten können.«

Angekommen auf der »Can Sureda«, ergießt sich der Menschenstrom in Richtung Bio-Hof, wo sich die bereits anwesenden Menschen mit Bio-Produkten ein wenig beköstigt haben – auch mit Wein. Auf einem Nebenplatz steht eine große Menschentraube. Mal sehen, was da los ist. Kinder und Jugendliche machen eine Judovorführung. Na ja, nicht so spannend, also weitergehen. Vom Band laufen die Songs von Peter. Peter-Maffay-Tätowierungen auf Oberarmen sind zu sehen und auch die »Peter Maffay Freunde Saarland« sind da, wie auf den T-Shirts zu lesen steht. Nur Peter Maffay ist nicht da. Wo man doch so gehofft hatte, von ihm ein Foto machen zu können. Nun ja, man kann nicht alles haben. Abgezäunt hinter dem Bio-Shop steht seine Harley mit Hamburger Kennzeichen. Ob Peter mal ein Stück mit einem fahren könnte? Das wäre zu und zu schön.

Peter Maffays Bio-Hof wirtschaftet naturbelassen und nach alter mallorquinischer Tradition. Seine Produkte kann man vor Ort kaufen, ebenso auf dem Wochenmarkt in Pollença und in einem Laden in Palma in der Altstadt unweit vom Rathausplatz.

Aber das ist ihm alles nicht genug. Er hat eine Stiftung gegründet, mit der er benachteiligten Kindern einen Schutzraum bieten will. Der Katalog über seine Stiftung erklärt auf sympathische Weise sein Schaffen und Wirken mit einem engagierten Team, erklärt die Philosophie, die hinter seinem Anliegen steht. So werden kluge, berühmte Menschen zitiert wie Pearl S. Buck, die einmal gesagt hat: »Kinder, die man nicht liebt, werden Erwachsene, die nicht lieben können.« Man kann seine Einstellung zu den Menschen und zum Leben nur gutheißen oder meinetwegen auch bewundern.

Ein paar Tage später findet man in der Zeitung einen Bericht über den »Tag der offenen Tür«. Große Fotos von Peter und seiner Frau, wie er mit Sammelbüchse für den Judoclub seines Sohnes umhergeht. Hätte man doch genauer gucken sollen. Zu und zu ärgerlich!

Wer Glück hat, kann ihn in Pollença in seinem Lieblingscafé auf der Plaça Major im »Ca'n Moixet« sehen, wie er dort seinen »Cortado« trinkt und über den Platz guckt. Jetzt ist er aber nicht da, jedoch kann man sich auf seinen Lieblingsplatz gleich links neben der Eingangstür zum Lokal setzen, einen »Café con leche« bestellen und für einen kurzen Moment glauben, dass man ihm jetzt ein wenig gleicht. Man kann die Augen schließen, und es wäre eine besondere Überraschung, wenn plötzlich Peter vor einem stehen würde und sagte: »Hey, du! Das ist mein Platz.« Den würde man doch gleich ehrfurchtsvoll sofort an ihn abtreten und man hätte eine Geschichte, die zu Hause immer und immer wieder erzählt werden könnte.

Weil man ein Gedicht über den Ort Porreres und die Radfahrer schreiben kann

Als Tourist macht man sich eben so seine Gedanken über das, was man sieht, was einem auffällt, was einen bewegt. In Porreres – in der Inselmitte – glaubt man, den Touristenströmen entronnen zu sein. Endlich mal pures, authentisches, unverfälschtes Mallorca erleben, wobei man vergisst, dass man selber Tourist ist.

Das geht im Restaurante »Es Centre«, dicht an der mächtigen Kirche Nostra Senyora de la Consolació gelegen. Bis 15.30 Uhr gibt es einen günstigen abwechslungsreichen Mittagstisch. Hier arbeitet kein Sternekoch, sondern die mallorquinische Mama. Beim Betreten über die breiten Eingangsstufen öffnet sich ein großer Saal. Dieser Raum diente einmal als Kino und Theater. Auf einer heute noch vorhandenen Bühne gibt es in Abständen kleine Veranstaltungen. Bei schönem Wetter lädt ein kleiner Innenhof zum Verweilen ein.

Anschließend lässt man sich am Marktplatz in einer Cafébar nieder und sieht den Leuten zu, wie sie ihr Schwätzchen halten. Merkwürdigerweise sitzen die Leute still nebeneinander, nur ab und zu blinzeln sie unter dem Sonnenschirm hervor und sehen nach der Sonne. Ja, sie ist noch da, heiß und grell wie fast immer. Nach einer Weile des gemeinsamen Schweigens tragen die Menschen ihren Einkauf vom Markt, der immer dienstags stattfindet, nach Hause.

Aber dann, wie aus heiterem Himmel, muss der Beobachter doch wieder sein Notizbüchlein herausholen und seine Eindrücke schriftlich festhalten, denn Deutsche auf Rädern, genauer auf Rennrädern, sind angekommen. Räder müssen rollen, deshalb ist auch nur kurze Pause angesagt und schnell ein Gedicht vom Beobachter geschrieben:

Porreres
Ich kann keine Autobatterie auswechseln,
kein Fahrrad reparieren,
das Klo schon gar nicht
oder eine Waschmaschine anschließen.
Hab nicht viel gelernt,
aber immerhin doch so viel,
dass ich nicht vor einer Cafébar
am Marktplatz verkünden muss:
»Un agua minerale con gas, por favor!«
Und das dann bitte ganz »pronto!«,
man hat es schließlich eilig
und ist auch nicht zum Vergnügen hier.
Die Räder lehnen am Laternenpfahl,
das Trikot magentafarben,
der Bauch ist darin eingezwängt,
die Frau mit ihren Fahrradschuhen
geht laut klickernd in die Bar, ein Tuch zu holen,
um den Tisch, wie sie dem Ober sagt,
»limpio« zu machen.
Und auch ihr Ehemann meint,
dass hier nicht alles sauber sei.
Dann noch einen »Café con leche«,
und schon fahren sie weiter.
Die alten Männer vor der Bar
in ihren Cardigans sitzen immer noch sprachlos da.

Seine Frau meint: »Das Gedicht ist falsch. So stimmt das doch gar nicht!«

»Wieso? Ich hab das so erlebt. Das heißt ja nicht, dass alle Radfahrer so sind. Im Gegenteil!«

»Das mein ich ja gar nicht, aber du kannst doch eine Autobatterie auswechseln und eine Waschmaschine anschließen.«

89. GRUND

Weil Karl aus Felanitx alles über Mallorca weiß

Karl ist Deutscher, verheiratet mit einer Engländerin und wohnt in Felanitx an der zentralen Ostküste. Dort hat er seit 30 Jahren ein Haus in der Carrer de ses Eres. Von außen sieht es eher unscheinbar aus, sogar ein bisschen abweisend. Wenn man es aber betritt, tut sich eine völlig andere Welt auf. Mitten in seinem Patio steht eine riesengroße Palme, eine »Canariensis«, eine kanarische Dattelpalme. Sie ist eine männliche Palme, die Jahr für Jahr ihren Samen versprüht, der, wenn er nicht durch das Haus eingesperrt wäre, die weiblichen Palmen besamen könnte, die in kurzer Entfernung auf der Plaça Espanya stehen. Die Canariensis von Karl ist ihm vor 30 Jahren geliefert worden. Sie hatte auch damals schon gewaltige Ausmaße und ein entsprechendes Gewicht. Es musste dafür ein Kran her, der in der Lage war, die Palme über die Mauern zu hieven. Das ging alles gut. Seitdem steht sie da und spendet Schatten und Atmosphäre. An der Wand des Patios ist ein Sinnspruch von Joan Brossa, dem berühmten Schriftsteller und Künstler aus Barcelona, mit großen Buchstaben in den Stein eingelassen: »Conec la utilitat de la inutilitat I tinc la riquesa de no voler ser ric.« Zu Deutsch etwa: »Ich kenne die Nützlichkeit des Unnützen, und ich bin reich genug, nicht reich sein zu wollen.«

In einem Käfig krähen Carolinas (Haubensittiche) und in seinem dann folgenden überbauten Hof stehen Sammlungen von alten landwirtschaftlichen Gerätschaften, die zum Teil schon zu Kunstwerken umgeformt sind. Dort hängt auch ein Bild von einem Aborigine, das er vor vielen Jahren in Perth an der Westküste Australiens gekauft hat. Was Karl beruflich macht, ist nicht so ganz klar. Er hat als Kurator gearbeitet und hilft heute den Residenten beim Verstehen und Übersetzen der Rechnungen und erklärt ihnen den Umgang mit den mallorquinischen Behörden. Ursprünglich wollte er nur mit seiner Frau von London nach Wales ziehen und sich dort landwirtschaftlich betätigen. Aber es war dort einfach zu nass und zu kalt, denn dort musste man sogar im Hochsommer noch heizen. So führte der Weg in Richtung Süden und so landeten sie schließlich auf Mallorca in Felanitx.

Wenn man sein Haus über den Hintereingang verlässt, kommt man auf die Carrer de Bennàsser. Von dort sind es nur ein paar Schritte bis zur Plaça Espanya oder Plaza España. Dort kann man sich mit Karl in der Bar »Ca'n Usola« gemütlich hinsetzen. Karl trägt ein T-Shirt mit der Aufschrift »Estat Català«. Damit bringt er zum Ausdruck, dass er für einen unabhängigen katalanischen Staat ist. Wenn man Karls Vertrauen hat, dann erzählt er viele spannende Sachen von Mallorca. So weiß er, dass das Lokal einmal das Vereinslokal des Taubenzüchtervereins war. Die Mitglieder veranstalteten Wettbewerbe. Dafür wurden die Tauben bis ans andere Ende Spaniens gebracht, wo sie wieder freigelassen wurden. Die Taube, die zuerst wieder im heimischen Taubenschlag ankam, war die Siegerin. Die Siegertauben erzielten in Taubenzüchterkreisen enorme Preise, denn sie wurden als Zuchttiere verwendet.

Heute interessiert sich die Jugend für andere Dinge.

Die Wohnung über dem Café steht leer. Dort wurde seit den 20er-Jahren bis in die 60er hinein Truc gespielt, ein Kartenspiel. Das Wort steht für Trick oder Kniff. Es ist ein »Schummelspiel«, bei dem man viel Geld gewinnen, aber auch verlieren kann. Diese Spielhalle war natürlich illegal. Sie wurde aber geduldet, weil die Polizei bestochen war. Es soll noch ein Spielertisch existieren, in dem vier metallene Einlassungen für die Spieler eingefügt sind. Sie dienten als Aschenbecher.

An der Ecke des Cafés sitzt ein Mann, der wie Charles Bronson im Film *Spiel mir das Lied vom Tod* grimmig und faltig sein Umfeld beobachtet. Er trägt einen dunklen Hut, den er leicht ins Gesicht gezogen hat. Dazu weiß Karl zu erzählen, dass der Mann zu einem Clan gehört, der aus acht Brüdern und einer Schwester besteht. Derjenige, der einen Spazierstock bei sich hat, ist der Boss der Familie.

Am Karfreitag wird, ähnlich wie in Oberammergau, vor der Kirche von Felanitx ein Passionsspiel aufgeführt. Das findet jedes Jahr statt und man muss kein Eintrittsgeld bezahlen. Und überhaupt, die christlichen Feste: Weihnachten wird hier zweimal gefeiert, am 25.12. und am 6.1., am Dreikönigstag. In der Adventszeit wird nach und nach der Stall von Bethlehem aufgebaut und erst am Weihnachtsfeiertag kommt die Christusfigur dazu. Der allgemeine Trend geht aber doch zum 24.12., weil sich das internationale Verhalten durchgesetzt hat, wie Weihnachtsbaum und Weihnachtsmann.

Karl erzählt weiter, dass den Ort Cala d'Or der Architekt Josep Costa Terrer in den späten 20er-Jahren geplant hat und bauen ließ. Die Häuser sollten alle weiß gestrichen sein. Dabei hat er sich von seiner Heimatinsel Ibiza anregen lassen. Kein Haus sollte über zwei Stockwerke gehen. Davon ist inzwischen abgewichen worden und es stehen einige mehrstöckige Hotels im Ort. In den frühen 60er-Jahren war dieser Ort auch bei der Prominenz angesagt. Sogar Frank Sinatra hatte hier ein Haus, in dem er aber nur einen Sommer lebte. Er ließ es nicht verkommen, sondern stellte einen Hausmeister ein, der das Haus bis über seinen Tod hinaus betreute.

Und von Juan March muss Karl auch noch erzählen, von dem Mann aus Mallorca, der zu einem der reichsten Menschen der Welt aufstieg – der, der die Banca March gegründet hat. Er kam aus kleinen Verhältnissen und verdiente sein erstes Geld mit dem Schweinehandel, das erste große Geld mit Schmuggel. In den 20er-Jahren hatte er es geschafft, eines der größten Privatvermögen der Welt anzusammeln.

Und zur Carrer de ses Eres, die an der Plaça Espanya vorbeiführt, erzählt Karl, dass die Übersetzung »Straße der Ähren« ist. Auf dem Platz wurde das Korn von der Spreu getrennt. Eingespannte Esel liefen im Kreis und setzten somit einen Mühlstein in Gang.

Und dann sollte man unbedingt im »Es verger« in Santa Maria, im Westen der Insel, Lamm essen. Was Besseres gibt es nicht. Und auch die Glasbläserei »Gordiola« in Manacor muss man gesehen haben.

Karl kennt sich eben aus auf der Insel.

90. GRUND

Weil man eine Reise in die Vergangenheit machen kann

Ein Mensch jenseits der 50 lässt sich kaum noch auf neues Liedgut ein. Das emotionale Fenster für neue Musik hat sich für ihn längst geschlossen. Er möchte, dass alles so bleibt, wie es ist. Warum neue Lieder, es gibt doch schon so viele. Manchmal wundert er sich dann doch, wenn er ein Lied hört, das vor vielen Jahren schon mal ein Hit war und jetzt in einer neuen Fassung daherkommt. Nicht ohne Stolz erzählt er dann seinen Kindern und allen anderen, auch denen, die das gar nicht wissen wollen, dass er die Melodie noch von der Originalfassung kennt. Da kann es sein, dass ein seriöser Mensch durch so ein Lied gefühlsmäßig so aufgewühlt wird, dass bei ihm Glückshormone ausgesendet werden und er sentimental wird. Es erinnert ihn an ein persönliches positiv besetztes Ereignis, erste Liebe, erstes Auto oder erste Reise nach Mallorca. So kann man sich der realen Welt entziehen, wenn Simon & Garfunkel *Sounds Of Silence*, Adriano Celentano von *Una fiesta sui prati* oder Astrud Gilberto von dem *Garota de Ipanema* singen. Da kann er mitsingen, mitreden, ach, was war das denn noch für eine schöne Zeit damals. Leider verklingen die Töne bald, wo man es doch so gerne hätte, wenn sie noch blieben. Schade, schon vorbei. Und er versteigt sich in die Aussage, dass die Lieder, die man heute hört, im Vergleich zu den alten Evergreens nichts sind. So eine Bemerkung lässt einen jungen Menschen natürlich kalt oder sie treibt ihn auf die Palme. Dafür hat er nur ein müdes Lächeln übrig. Wie soll es auch anders sein, er steckt ja noch in seiner emotionalen Prägung. Er muss noch seine Hausaufgaben machen und sich seine Songs mit den emotionalen Erlebnissen aneignen, die ihn später einmal so berühren, dass er Herzrasen bekommt und vor lauter Aufregung kaum ein Wort herauskriegt.

Das machen sich die Boutiquen, Bars und Kaufhäuser überall auf der Welt, auch auf Mallorca, zunutze, denn sie wissen um die Wirkung auf ihre Kunden: Ein positiv gestimmter Kunde ist ein guter Kunde, denn der ist bereit, sich auf einen eher unsinnigen Kauf einzulassen. Im »El Corte Inglés« in Palma möchte die Frau sich die aktuelle Mode ansehen und durch die Etagen schlendern, im Hintergrund laufen aktuelle vorwiegend amerikanische und englische Hits. Der Mann ist genervt. Sie spürt es, ihr vergeht die Lust. Dann eben nicht! Aber zu »Zara« möchte sie doch gerne noch rein. Einen Versuch kann man ja noch wagen. Es geschieht ein Wunder. Und so nickt der Mensch mit den grauen Haaren leicht debil grinsend seiner Frau zu, die sich in die ganz reizenden roten hochhackigen Pumps verliebt hat. Sie hat zwar schon ähnliche, die sie aber nicht trägt, weil sie ihr zu unbequem sind. Ob diese nun bequemer sind? Aber die Musik in diesem Laden ist in diesem Augenblick gerade die richtige. Da kann die Frau doch gerne noch weitere Paare probieren. Und so verlassen sie beide fröhlich gestimmt das Geschäft in der Passeig del Born in Palma mit einer großen Schuhtüte.

Der »Cortado« an der Eckbar schmeckt dagegen heute nicht besonders gut, komisch, kann das an der dort gespielten Musik liegen? Die Insel kann jedenfalls nichts dafür.

KAPITEL 8

WOHLBEFINDEN

91. GRUND

Weil Depressionen hier keine Chance haben

Mallorca liegt auf dem 39. Breitengrad, ist also 4.329 Kilometer vom Äquator und 5.670 Kilometer vom Nordpol entfernt. Hamburg liegt auf dem 53. Breitengrad, 1.554 Kilometer nördlicher als Mallorca, was einiges über die Wetteraussichten sagt. Da die Erde immer in einem stabilen Winkel zur Sonne steht, verursacht durch den Mond, kommt es in ganz nördlichen und ebenso in ganz südlichen Breiten zu immer geringer werdenden Sonneneinstrahlungen. Das hat bekanntermaßen Auswirkungen auf das Klima.

Mallorca liegt in den Subtropen und Hamburg in der kühlgemäßigten Zone. Das bedeutet, dass Hamburg mit den atlantischen Tiefdruckgebieten zu tun hat, sprich Regen, Regen, Regen, im Winter wie im Sommer, richtige Kälte ist selten, dafür ist es nasskalt, kaum Sonne, tristes Grau herrscht vor. Das wirkt sich auf die Zirbeldrüse aus. Dort hatten Mediziner lange Zeit den Sitz der Seele vermutet. Hier wird das Hormon Melatonin produziert, das den Tag-Nacht-Rhythmus des Menschen steuert. Da in den nördlichen Breiten mit wenig Sonneneinstrahlung zu rechnen ist, kann es in den Monaten von September bis Juni bei vielen Menschen verstärkt zu Depressionen kommen. Denn wenig Sonne hat zur Folge, dass der Melatoninspiegel erhöht bleibt, was zu Müdigkeit und Abgeschlagenheit führt, zu Kopfschmerzen und Kreislaufstörungen. Dagegen bewirkt Sonneneinstrahlung Wunder. Durch sie werden die Lebensgeister geweckt, schlechte Laune verfliegt, der Melatoninspiegel sinkt, Glückshormone werden freigesetzt, die Stimmung steigt und der Trieb, sich dem anderen oder dem gleichen Geschlecht zuzuwenden, ebenso.

Damit haben wir eine Erklärung, warum der im Norden wohnende Mensch den Drang hat, in den Süden zu reisen. Hier kann er sich eigentlich fast immer auf Sonne verlassen. Dauerregen gibt es kaum. Die Temperatur von plus sieben Grad Celsius wird im Winter selten unterboten. Da bietet sich Mallorca doch als Reiseziel geradezu an. Es gibt von allen größeren deutschen Flughäfen täglich mehrere Flüge, meist wesentlich preisgünstiger als andere Ziele. Der Flug ist relativ kurz und im Allgemeinen ohne lästiges Umsteigen möglich. Die größten Entfernungen von Palma zu den anderen Orten liegen alle bei gut unter 80 Kilometer.

Da wir uns auf Mallorca in den Subtropen befinden, lösen sich die vier Jahreszeiten bereits auf. Man hat einen langen Sommer, der durch einen milden Winter unterbrochen wird. Und wie wir jetzt alle wissen: Sonnenlicht fördert die körperliche wie die seelische Gesundung. Worauf also noch warten?

92. GRUND

Weil man nachts betrunken aus der »Chillout Bar Varadero« zurück ins Apartment stolpern kann

Nein, nein, dieser Grund soll jetzt kein Freibrief für Alkoholiker werden, die ständig dem Druck erliegen, ihrer Sucht nachzugeben. Alkoholismus ist ein viel zu ernstes Thema, als dass man sich darüber lustig machen sollte.

Wenn man aber an einem Abend mit Freunden in der »Chillout Bar Varadero« in Porto Petro im Südosten der Insel zusammensitzt, muss natürlich Wein getrunken werden und zwar nicht zu knapp, denn der Fisch will schwimmen, den man gegessen hat. Und danach ein Caipirinha oder zwei, vielleicht auch drei. Das führt zu euphorischer Stimmung und zu interessanten Verkündigungen und Auftritten, unter anderem daran erkennbar, dass die Zunge nicht mehr mit der Schnelligkeit des Hirns mithalten kann. So bricht man dann nach Mitternacht auf und zieht mit seinen fröhlichen Freunden um den Block, um dort sein Apartment aufzusuchen.

Am Ausgang des Lokals zur Straße kann der Ober noch verhindern, dass die Gesellschaft ungebremst auf der Straße aufschlägt, die jetzt glücklicherweise kaum noch befahren ist. Danach muss die Gruppe selbst sehen, wie sie zurechtkommt. Da der Mensch gerne singt, wenn er angeheitert ist, besinnt er sich Liedgutes, das im nüchternen Zustand nie über seine Lippen gekommen wäre. Und so kann die nachtschlafende Bevölkerung von Porto Petro an der deutschen Kultur teilhaben. In dieser Nacht geht es um das Lied mit dem Text: »Im Wagen vor mir fährt ein junges Mädchen. Sie fährt allein und sie scheint hübsch zu sein.« Die begleitende Gesellschaft fällt beim Refrain mit ein:

»Ratam-latam-radatadadam
Ratam-latam-radatadadam!
Ist sie nicht süß?
Ratam-latam-radatadadam!
Was will der blöde Kerl da hinter mir nur?
Ratam-latam-radatadadam!«

Vor der Tür zum Apartmentblock in der Carrer de Cristòfol Colom muss die nächste Hürde genommen werden. Wie kriegt man die Haustür zum Wohnblock auf? Ja, natürlich, mit dem Schlüssel. Aber da scheint der Vermieter heute heimlich das Schloss ausgetauscht zu haben. Eine Unverschämtheit ist das! Ein besonnener Geist rät davon ab, mitten in der Nacht den Schlüsseldienst anzurufen, und tatsächlich, ihm gelingt es, die Tür aufzuschließen, und er schafft es auch, die Wohnungstür zu öffnen, dazu muss noch einmal im Flur ein »Viva España« abgelassen werden. Im Apartment noch einen kurzen Kühlschrankbesuch machen und dann schnurstracks ins Bett. Wann hat man das letzte Mal in seinen Klamotten geschlafen? Keine Ahnung, lange her.

Am nächsten Morgen stellt die Gefährtin fest, dass sie gar nicht wusste, dass ihr Freund so amüsant sein kann, so kennt sie ihn gar nicht von zu Hause, und wenn er seine Schuhe suchen sollte, die liegen im Kühlschrank.

Wie die da hingekommen sind?

Keine Ahnung. Schade, dass man sich so gar nicht mehr daran erinnern kann.

Na, egal, sie macht jetzt erst mal einen starken Kaffee.

93. GRUND

Weil »Hula and bamboola« am Morgen die Seele und den Körper reinigt

Es gibt so Lieder, die man nicht vergisst. *Carioca* von Caetano Veloso ist so eins. Es gibt auch ältere Versionen, die aus den 30er-Jahren des letzten Jahrhunderts stammen, aber keine Version kommt dem lockeren Entspannen nahe, das nottut, wenn man am Morgen eines verkaterten Tages seine Schuhe im Kühlschrank wiedergefunden hat. Da wird es Zeit, seine Laufschuhe anzuziehen, sich ein lockeres T-Shirt überzustreifen und in Badehose aus dem Haus dem Strand entgegenzujoggen, um sich wieder auf die Beine zu stellen. Nicht zu schnell, es braucht alles seine Zeit, bis man wieder in den Schritt des normalen Tagesablaufes kommt.

Für den Kopf ist es jetzt hilfreich, wenn man ihn in Ruhe lässt, bestenfalls eine milde, lockere Melodie, die so leicht daherkommt wie eine frische Morgenbrise. Deshalb schon mal die Stöpsel in die Ohren, und los geht es, am besten das erwähnte Lied *Carioca* von Veloso hören, der mit seiner Stimme so wunderbar den geschundenen Körper und die Seele streichelt. Das Lied gibt einen Rhythmus vor, zu dem man in ein lockeres Laufen kommt, ohne sich besonders anzustrengen. Es geht alles fast wie von selbst:

»Say, have you seen the Carioca?
It's not a foxtrot or a polka

It has a little bit of new rhythm

A blue rhythm that sighs.«

Durch den Hafen von Porto Petro laufen, am Kreisverkehr vorbei in Richtung Cala Mondragó. Nachdem er den ersten Anstieg bewältigt hat, wird ihm schlecht und so verzichtet er darauf, seinen Lauf an der Cala Mondragó zu beenden.

»You dream of a new Carioca.

Its theme is a kiss and a sigh.«

Dann doch wieder zurückgehen nach Porto Petro, am Kreisverkehr abbiegen in Richtung Hotel Blau, die Carrer d'es Far hoch zum Parkplatz und dort zu einem schmalen Weg, der hinunterführt zu einer winzigen Cala, an die sich früher einmal der Club Méditerranée anschloss, wo junge Leute ihren Spaß hatten. Wie schön, dass man ohne Kontrolle und ohne zu zahlen an den Strand darf, eintauchen in die Wellen, dem Körper erlauben, sich zu erholen, denn der kann schließlich nichts dafür, dass der letzte Abend so verlaufen ist. Der muss das jetzt alles wieder ausbaden.

»And then you'll realize the blue hula and bamboola are through.«

Nach dem Bad fehlen zum Zurücklaufen immer noch die Luft, Lust, Kraft und Laune. Da kann auch Caetano Veloso nichts dran ändern. Und so schlendert er die kurze Strecke zum Apartment zurück. Dort angekommen, erzählt er der Partnerin, dass er mal eben das Stück bis zur »Cala« gelaufen ist, aber lässt bewusst offen, zu welcher. Wenn sie es genau wissen will, kann sie ja fragen.

»And then you'll realize the blue hula and bamboola are through«, summt er.

Sie hat inzwischen Frühstück gemacht. Alles, was er sich wünschen kann, ist auf dem Tisch: Pa amp Oli (Olivenbrot), Suc de Taronja (Orangensaft), Mantega (Butter), Olives (Oliven), Café con leche (Milchkaffee), Ous (Eier), Salsitxa (Würstchen), Sal (Salz), Pepre (Paprika), Poma (Apfel) und als Morgenlektüre die Ultima Hora.

Jetzt weiß er, dass die »Hula and bamboola«-Tage noch lange nicht vorbei sind.

94. GRUND

Weil man auf Aleppokiefernnadeln herumkauen kann

Eine Sitzbank muss es sein und der Schatten der Aleppokiefer ist auch nötig, dazu viel, viel Muße und damit Zeit, vor sich hin zu sinnen und sich dem Geschmackssinn zuzuwenden. Dazu braucht man eine oder mehrere Kiefernnadeln, die man frisch vom Baum pflückt und sich in den Mund steckt. Dann beginnt man, auf ihnen herumzukauen. Welche neuen Erfahrungen sind da zu machen?

Zunächst einmal muss es einem egal sein, ob das Tun einen gesundheitlichen Nachteil mit sich bringt. Wer sich dann überwunden hat, wird die in den Zweigspitzen enthaltenen ätherischen Öle schmecken, die durchblutungsfördernd wirken, denn Kauen von Tannenharz, auch in geringen Mengen, festigt das Zahnfleisch und schützt vor Zahnverfall. Es soll gegen böse Geister wirken, hat balsamische Wirkung. Ein harziger, milder, leicht zitroniger Geschmack entsteht, der stärkt, aufbaut, Seele und Geist in Einklang bringt, der entspannt, kräftigt, reinigt, öffnet, klärt, der rastlose, betriebsame, überreizte Menschen, die sich zu wenig Ruhe und Muße gönnen, wonnevolle Lust bereitet. Kiefernnadeln sind Vitamin-C-haltig, stärken somit das Immunsystem und beugen Krankheiten vor. Ein kritischer Geist wird jetzt einwerfen: Warum isst man denn nicht gleich Orangen, da hat man doch Vitamin C im Übermaß? So einem Menschen kann man nur entgegnen, dass es einen Riesenunterschied macht, ob man auf einer Bank im Schatten einer Aleppokiefer eine Orange schält und sie dann isst, oder ob man auf einer Bank im Schatten einer Aleppokiefer sitzt und auf einer Kiefernnadel kaut. Das Kauen auf einer Kiefernnadel gibt einem die philosophisch lässige Haltung, die nötig ist, um den Zustand der Ruhe zu genießen und zu bewahren. Das Pellen und das Essen einer Orange sind von der körperlichen Anstrengung des Schälens und vom Kauen her viel aufwendiger und das lenkt somit vom philosophischen Tiefgang der eigenen Gedanken ab. Außerdem muss man die Hände aus den Hosentaschen nehmen und lässt am Ende des Tuns den banalen Gedanken aufkommen: Wo oder wie entsorge ich jetzt meine Orangenschalen und wo trockne ich die Hände ab? Ein Kiefernnadelkauer spuckt nach Beendigung seiner inneren Versenkung seine Kiefernnadeln aus. Niemand wird daran Anstoß nehmen und so kann er unbelastet, mit den Händen in den Hosentaschen, lässig von dannen schlendern.

95. GRUND

Weil es dort ein besonderes Licht gibt

Van Gogh suchte in Südfrankreich das Licht des Südens, denn seine Sonne in den nördlicheren Breiten war irgendwie immer verschleiert, war oft gar nicht zu sehen und zeigte sich selten von südlicher Heiterkeit. Da er kaum das Geld hatte, um dort hinzufahren, musste er seinen Bruder anpumpen. Der Süden hatte ihn dann so beeindruckt, dass er wie im Rausch seine Bilder malte, von denen heute die Welt begeistert ist. Wenn er ein Jahrhundert später gelebt hätte, wäre er wohl nach Mallorca geflogen. Von Holland hierher ist es ein Katzensprung und preiswert. Die Bilder hießen dann nicht: »Terrasse des Cafés an der Place de Forum in Arles am Abend«, sondern »Terrasse vom Restaurante Es Faro mit Blick über die Bucht von Soller am Abend« oder die »Olivenbäume von Saint Rémy« wären dann »Olivenbäume von Campos« und er hätte nicht das »Rathaus in Auvers« gemalt, sondern das von Porreres. Die berühmte »Sternennacht von Saint-Rémy« hätte er hier wahrscheinlich noch schöner gemalt und sie hieße dann »Sternennacht von Port d'Alcudia«.

Na, es ist nun alles anders gekommen. Und so bleibt man aufgefordert, den Weg, den van Gogh begonnen hatte, weiterzugehen, indem man den Maler in sich entdeckt und es ihm nachtut, was viele ja bereits schon machten. Davon zeugen viele Galerien auf der Insel. Okay, nicht alle Bilder, die dort ausgestellt sind, erinnern an die van Gogh'sche Leidenschaft, sind eher Versuche, die im Keller bleiben und dort reifen sollten. Das war bei van Gogh ja auch so. Seine Bilder landeten zu seinen Lebzeiten erst einmal im Keller. Die Gesellschaft war erst Jahrzehnte später in der Lage, diese Kunst zu verstehen und wertzuschätzen.

Und was kann man auf der Insel im van Gogh'schen leidenschaftlichen Sinne sonst noch so malen?

Die Landschaft, die Bäume, die Menschen, die Tiere, die Häuser und natürlich das Meer, wie es schimmert, leuchtet. Wasser besteht doch eigentlich nur aus Sauerstoff und Wasserstoff und kann dabei in gasförmiger, fester und flüssiger Form auftreten. Wasser ist fast nichts und begeistert trotzdem mit seinen Farbnuancen Mittelblau, Graublaugrün, Dunkelblau, Violettblau, Hellblaugrün, Cyanblau. Das Mittelmeer kommt oft in einem Blau daher, das sich vom Himmelsblau kaum unterscheidet und nur unterbrochen wird durch gischtweißen Schaum. Jeden Tag ein anderes Blau, türkisfarben, smaragdgrün, mal ist die Oberfläche glatt und blank, dann wieder wild und aufgerissen. Pflanzen, Sand, Steine, Felsen lassen das Wasser an einigen Stellen hell oder dunkel erscheinen, changieren zu grünen, rötlichen und gelblichen Tönen. Am Strand erscheint es hellweiß, je tiefer man hineingeht, umso mehr Anteile von Blau nimmt man wahr. Es ist das Licht, das sich auf der Oberfläche des Meeres bricht, das einzigartige Mallorca-Licht.

Dieses Licht macht sich besonders in den Calas in seinen verschiedenen Erscheinungsformen bemerkbar. Die Fischerboote in der tief eingeschnittenen malerischen Bucht der Cala Figuera an der Ostküste zu den unterschiedlichen Tageszeiten auf dem Wasser zu beobachten ist ein Erlebnis. Ständig ein anderes Bild. Auch und gerade bei Regen und Sturm wird der Hafen zum Ereignis.

Weil man am Strand die Chance hat, sich Gedanken darüber zu machen, was Glücklichsein ist und wie man glücklich wird, wenn man es nicht schon ist

Wann ist ein Mensch glücklich?

Der Buddhismus sagt, dass alles vergänglich ist, nichts bleibt, wie es ist. Und man kommt nur ins Nirwana, wenn man sich von den egoistischen Zielen lossagt, zur Enthaltsamkeit, zur Gewaltlosigkeit findet, sich befreit von irdischem Besitz und Nächstenliebe lebt.

Bestimmte Dinge sind Basis für das Glücklichsein: genug zu essen und zu trinken, eine warme Wohnung, selbstbestimmte berufliche Zufriedenheit und soziale Bindungen haben. Das Denken ist dann der Prozess, der Glück für einen Menschen erst möglich macht. Sieht man die positiven Dinge des Lebens, ist man auf dem guten Weg, ein glücklicher Mensch zu werden.

Und was hat das alles mit Mallorca zu tun? Sehr viel.

Wenn man zum Beispiel am Strand in der Cala Domingos sitzt, kann man sich an den Wellen, der Sonne, den Menschen erfreuen, an dem, was um einen herum passiert. Man kann sich in die Fluten stürzen, durch die Wellen tauchen, den Geschmack von Salz auf der Zunge spüren, das erfrischende Wasser erleben, den Wind auf der Haut fühlen, das fröhliche Gekreische der Kinder hören, den Gesprächen der Strandnachbarn folgen oder den schönen jungen Menschen beim Surfen zusehen. Man kann in die Strandbar gehen und einen Caipirinha trinken, der Sonne zusehen, wie sie langsam immer tiefer sinkt und am Ende den Himmel blutrot erscheinen lässt.

Man kann allerdings auch am Strand in der Cala Domingos sitzen, sich darüber aufregen, dass die hohen Wellen beim Baden stören, die Sonne zu heiß brennt, sich über Salzgeschmack auf der Zunge ärgern, über den Sand in der Badehose und in der Poritze, über den lästigen Wind, über die lauten, unerzogenen Gören, und den Leuten zuhören, den Geschichten, die sich die Strandnachbarn erzählen, die tätowierten, fettleibigen Körper sehen und sich schließlich ärgern über die unverschämten Preise an der Strandbar.

Glücksgefühle treten nur dann ein, wenn der Mensch in der Lage ist, die richtigen Gedanken zu haben und daraus seine Handlungen abzuleiten.

Und noch eine Erkenntnis aus der Glücksforschung: Glückliche Menschen leben länger. Allein das ist doch schon ein Grund, das Ziel Glücklichsein anzustreben, man kann öfter nach Mallorca fliegen, die Basis schaffen für ein glückliches Leben.

Also, lustvoll lachend optimistisch hinein in die Elemente der Sinnlichkeit des Lebens tauchen. Das geht doch wunderbar auf Mallorca. Man muss es nur zulassen.

97. GRUND

Weil auf Mallorca eher die Klospülung als die Nase läuft

Eine Erkältung ist eine unangenehme Sache. In erster Linie sind die Nase, der Hals oder die Bronchien betroffen. Die medizinische Wissenschaft ist sich noch nicht einig, ob Erkältungen, wie das Wort sagt, durch Kälte verursacht werden. Vorwiegend in der Herbstzeit füllen Patienten mit Erkältungssymptomen die Wartezimmer der Arztpraxen.

Der Mensch hält sich in der Zeit häufig in schlecht be- oder überheizten miefigen Räumen auf. Er muss durch nasskaltes Wetter und durch Gegenden laufen, wo die Sonne durch Abwesenheit glänzt. Er kann dann, nein, er muss damit rechnen, dass sein Immunsystem sagt: »Nein, danke, damit musst du nun selbst mal klarkommen, das krieg ich nicht mehr gebacken, das musst du jetzt selbst auslöffeln.«

Da kann man doch nur nach Mallorca fliegen. Im festen Glauben, dass man dort sein Immunsystem stärken kann. Dort gibt es

Wärme, frische salzige Seeluft und vor allem die nahezu uneingeschränkte Sonne. Man bewegt sich auch an kühleren Tagen viel im Freien, geht spazieren, wandert oder sitzt einfach nur auf der Terrasse oder im Straßencafé. Die meisten Sorgen bleiben zu Hause, verlieren ihre Wichtigkeit, der Stresspegel sinkt.

Auch die Tatsache, dass beim nächsten Toilettengang in der Ferienwohnung die Klospülung »durchrauscht« und der Wasserkasten sich nicht mehr auffüllt, lässt einen gelassen bleiben. Die Hilfe ist auch nicht weit, sie hängt direkt über dem Spülkasten in Form eines Zettels:

Bei Durchlauf der Spülung bitte Deckel entfernen und Schwimmer hochziehen oder Entkalker einfüllen. Nützt das nichts, bitte anrufen.

Komisch, nur in deutscher Sprache. Setzt die Spülung nur bei deutschen Gästen aus? Kann man da auch nachts anrufen? Wohl eher nicht. Wo finde ich Entkalker? Egal, man könnte sich ja einbilden, dass es sich um Meeresrauschen handelt. Aber diese Gedanken erweisen sich als überflüssig. Einfach den Spülkastendeckel abnehmen und alles von Hand regeln. Und so hört die Klospülung bereits nach sieben Minuten auf zu laufen. Die Nase braucht dafür locker mal eben sieben Tage.

98. GRUND

Weil man in der Cala Moro baden kann

Eine Cala ist geografisch gesehen eine Bucht, die durch Sonne, Wind und Wasser aus den Felsen einer Steilküste herausgeschnitten ist, da die Insel vorwiegend aus wasserlöslichem Kalkgestein besteht. Die Calas enden mit angespültem Sand, ideal für Badegelegenheiten.

Der Inbegriff aller Calas ist die Cala Moro (auch Caló des Moro genannt) im Südosten der Insel, sie ist ein Musst-du-machen-

Punkt. Sie zu erreichen beziehungsweise zu finden ist jedoch nicht ganz einfach. Der Weg dorthin ist nicht ausgeschildert. Die Schilder sind wohl von Leuten abgebaut worden, die verhindern wollten, dass zu viele dieses Paradies entdecken. Das geht ja nun gar nicht, die Welt ist für alle da, auch die Cala Moro. Man nehme die Straße von Es Llombards Richtung Cala Llombards. Kurz vor dem Ort nach rechts abbiegen, kreuz und quer an den verstreuten Fincas vorbei – keine Angst, das ist der richtige Weg. Wagen am Ende der Asphaltstraße abstellen, rechts liegt ein kleiner Parkplatz – Vorsicht: Straßenhubbel durch Baumwurzeln. Dann eine hässliche Betontreppe hinabsteigen, sehr steil, ein Handlauf ist zwar da, aber provisorisch angebracht, aus einem Tampen bestehend. Wenn man das bis hier ohne Absturz überlebt hat, steht man vor der Cala S'Almonia. Rechts ab liegt die schöne schmale Badebucht. Wenn jetzt der Blick nach links gewendet wird, schaut man auf eine kleine Bucht, in der ein paar Bootshäuser beziehungsweise Ferienwohnungen stehen. Gleich links neben den Häusern ist ein schmaler Durchgang, der über einen leichten Anstieg auf ein Plateau führt. Nach circa 200 Metern steht man vor der Cala Moro.

Der Blick ist einmalig und gehört zu den schönsten der ganzen Insel. Es gibt hier keine Händler, die einem Batiktücher, Eis, Cola, Campari oder Sangría mit Strohhalm verkaufen wollen. Nichts gibt es hier zu kaufen. Selbst Günther Jauch hat hier mal einen Werbespot gedreht, und der soll sich ja in der Welt auskennen. Der Werbespot für eine Lotterie sollte wohl dem Zuschauer Südseefeeling vermitteln: Also, wenn du mitspielst, kannst du dir das auch leisten. Es ist aber gar nicht die Südsee, sondern die Cala Moro. Um die zu erreichen, muss man eine gewisse Fertigkeit im Klettern und Kondition besitzen. Für Höhenangsthabende ist anzuraten, mit dem Gesicht zur Wand diesen Weg zu gehen, schön vorsichtig den nächsten Schritt suchen. Es gibt keine Stufen, nur staubig-sandige Trittmöglichkeiten. Mit den Händen Halt suchen. Für den Ab- und Aufstieg sollte man etwas robusteres Schuhwerk tragen.

Ist der kleine Strand erreicht, stellt sich die Frage, wo man sich niederlassen kann, denn die Cala Moro ist längst kein Geheimtipp mehr, ins Paradies wollen bekanntlich ja alle. Wie Seehunde auf einer Sandbank liegen hier dicht an dicht die Sonnenanbeter und verteidigen ihren Liegeplatz vor den anderen. Hat jemand seinen Platz freigegeben, stürzen sich bereits Wartende darauf. Da kann es schon mal zu Handgreiflichkeiten kommen. Wenn man früh am Morgen kommt oder am späten Nachmittag, wird man wohl ohne Anstrengung ein Plätzchen finden. Da die Cala nur einen indirekten Zugang zum Meer hat, herrscht hier mäßiger Wellengang. Das Meer hat aus den Felsen tiefe Grotten herausgewaschen, in die man hineinschwimmen kann. Durch Lichteinfall werden wunderschöne Lichtreflexe an die Felswand gezaubert. Mutige klettern auf die Felsvorsprünge und springen von dort in die Bucht. Meine Güte, was die Leute sich so alles zutrauen.

»Schade, datt mer de Omma in't Hottel lassen mussten. Abba datt wär auch nix füa sie hiar. Die wär uns doch glatt abgeschmiert, wär se, wo se doch so schlecht auffe Beine is. Und datt muss ja auch nich' sein, odda?«

Wem das alles zu wuselig ist, der kann dann nach erfolgreichem Aufstieg in der S'Almonia-Bucht schwimmen und auf den Untergang der Sonne warten, die sich garantiert wieder in einem wunderbaren Farbenspiel verabschieden wird. Knapp über dem Horizont schwebend sieht sie so aus, als wenn sie größer wird, so, als wollte sie platzen. Doch dann taucht sie ab ins Mittelmeer, um sich von der Hitze des Tages abzukühlen. Mancher klatscht Beifall, auch eine Sonne mag es bestimmt, wenn man sie anhimmelt.

Auf dem Rückweg zum Parkplatz hält ein Wagen an, sie seien zum fünften Mal hier und hätten immer noch nicht die Cala Moro gefunden. Ob man da weiterhelfen könne? Einen kurzen Augenblick ist man geneigt, einen falschen Weg zu zeigen.

99. GRUND

Weil sich an der Cala Mesquida die Poren öffnen

Die nördlichste Bucht an der Nordostküste, die Cala Mesquida, gehört mit zu den schönsten und größten Stränden der Insel. Sie ist bis auf eine Clubanlage wenig bebaut. Das dahinterliegende Dünengelände geht in Wildgehölz und Kiefernwälder über. Durch den Wind vom Meer und durch starken Wellengang ist das Baden hier nicht ganz ungefährlich, weil es oft zu ablandigen Strömungen kommt, die der Badende nicht unbedingt erkennen kann. Aber auch hier wacht der Socorrista, der längst die Warnflaggen gehisst hat. Sollte das der Fall sein, kann man ja mal aufs Baden verzichten und sich wieder der schönen Trägheit des Seins zuwenden. Man leiht sich einen Sonnenschirm und drapiert sein Badetuch darunter, geht zum Strandkiosk und bestellt sich eine große Flasche »Aqua sin gas«, schön gekühlt. Und so kann man seine Körperreaktionen beobachten, wie das Wasser die Speiseröhre hinunterläuft, wie aus den Poren Wasser rinnt.

Poren sind kleine Löcher in der Haut. Die können größer oder kleiner sein. Schweiß wird über die Poren aus dem Körper geleitet, was der Regulierung des Wärmehaushalts des Körpers dient. Schweiß wird über die Schweißdrüsen produziert, die in unterschiedlicher Menge über den Körper verteilt sind. Sie können emotional durch die Gefühlslage wie Stress oder sexuelle Erregung in Gang kommen. Das dürfte unter dem Sonnenschirm eher nicht der Fall sein. Hier wird es wohl an der Hitze liegen. Man merkt das an der verstärkten wässrigen, salzhaltigen Absonderung auf der Haut. Um Regulierungsstörungen zu vermeiden, muss der Flüssigkeitsverlust ausgeglichen werden. Bequemer gehts nicht, Nachschub gibt es am Kiosk oder im nahe gelegenen Restaurant. Die normale Flüssigkeitszufuhr von eineinhalb Litern am Tag reicht nicht aus. Es muss mehr getrunken werden. Wer meint, das Defizit mit Bier oder Sangría auffüllen zu müssen, kann schlechte Erfahrungen machen, denn durch den Alkohol öffnen sich die Gefäße noch weiter und dem Körper steht noch weniger Blut zur Verfügung, was zu einem Hitzschlag oder einem Kreislaufkollaps führen kann.

Am Strand steht einem eine kalte Dusche zur Verfügung. Das reicht dann meistens wieder für eine halbe Stunde.

Wer aus diesem Kreislauf herauswill, sollte sich in den Schatten setzen, sich wenig bewegen, leichte, luftige Kleidung überziehen und beim Essen auf leicht verdauliche Nahrung achten. Aus dieser Position heraus kann er weise lächelnd den anderen Strandbesuchern zusehen, die wie Spiegeleier in der Sonne im Sonnenöl braten.

100. GRUND

Weil es hier die schönsten Wellen der Welt gibt

Wasserwellen sind Oberflächenwellen an der Grenzfläche zwischen Wasser und Luft. Sie können entstehen, wenn man sich ins Meer wirft, durch Schiffe, durch Gezeiten, durch Wind, durch Dünung. Ein Erdbeben unter dem Meer lässt Seebeben entstehen, ein Wellenbad erzeugt Wellen durch Mechanik.

So weit die nüchterne, naturwissenschaftliche Betrachtung.

Aber warum üben Wellen die unterschiedlichsten Faszinationen aus?

Der Segler, der mit seinem Boot über mehrere Minuten eine Welle abreitet, wird noch Jahre danach in seinem Jachtklub davon schwärmen.

Für den Motorbootsportler ist es das höchste Vergnügen, von Welle zu Welle zu springen.

Springen will auch der Kite-Surfer. Wind und Wellen lassen ihn Akrobatisches vollbringen.

Der Surfer muss nicht nach Hawaii fliegen. Er findet auch auf Mallorca geeignete Reviere. Ein wunderbares »Wellenrevier« findet man an der Platja de Muro nördlich von Can Picafort in der Bucht von Alcudia. Ein breiter Dünengürtel mit einem Pinienwald trennt die Küstenstraße vom Strand. Im Hochsommer ist dieser schöne Strandabschnitt allerdings durch die zunehmende Bebauung der letzten Jahre sehr überfüllt.

Aber Wellen kann man nicht nur erleben, sondern auch einfach nur betrachten. Wer am Strand liegt, kann sich der Magie der dort anbrandenden Wellen nicht entziehen. Und so geht man bis zur Hüfte ins Wasser und lässt sich mit der Brandung an den Strand ziehen, gibt dem zurückströmenden Wasser nach, das einen noch einmal ein wenig ins Meer zieht und so zum Spielball der Wellen macht, bis die nächste Welle über einem zusammenschlägt – und so werden sie zu den schönsten Wellen der Welt, die man sich denken kann.

Wer auch mit solchen Wellen nicht viel am Hut hat, lässt sich eine Wasserwelle machen. Die gibt es bei jedem Friseur. Wer das auch nicht gut findet, kann die »Deutsche Welle« hören und sich vom Leiter einer Diskussionsrunde etwas vom Wellental der deutschen Wirtschaft erzählen lassen, in der Wirtschaftsexperten Mittel und Wege aufzeigen, wie man da wieder rauskommt.

101. GRUND

Weil es mittags einen leichten Windhauch vom Meer gibt, der die Gardine bewegt

Die Mittagshitze im Hochsommer auf Mallorca verleitet nur unbedachte Sonnenhungrige, sich den brutalen Sonnenstrahlen auszusetzen. Da hat es Sinn, im Apartment zu verschwinden und darauf zu warten, dass sich die Sonnenglut zum Nachmittag langsam verflüchtigt.

Vom Fenster aus kann man auf den Hafen sehen. Auf den kleinen verankerten bauchigen Holzbooten sind Sonnensegel gespannt. Darunter sitzen oder liegen müde, phlegmatische Wesen, die im bleigrauen Wasser ihre Angeln ausgelegt haben. Eine Luxusjacht läuft still in den Hafen ein und wird an der Mole vertäut. Die Fender werden von der Mannschaft herausgehängt. Es wäre aber auch zu schade, wenn das Boot einen Kratzer abbekäme. Das Glasbodenboot »Starfish« legt an. Es entlässt Ausflugsgäste und nimmt neue auf.

Die Schiebetür des Apartments zur Terrasse ist weit geöffnet – die Gardine davorgezogen. Das Sonnenlicht durchdringt die Gardine, lässt einen warmen duftigen Luftzug durch das Gewebe und verzaubert den Raum durch ihr Schattenspiel. In seichten Wellen bewegt sich der Vorhang. Die sanfte Brise trägt die Düfte des Meeres mit sich. Mit wohlig halb geschlossenen Lidern werden Linien wahrgenommen, die der aufgewehte Stoff auf den Boden tanzen lässt. In diesem Zustand zwischen Traum und Wirklichkeit wird er eins mit »seiner Insel«.

Eine Fliege sitzt völlig bewegungslos mit ihren zarten Flügeln und Beinen auf der gekalkten Wand. Der Sand vom Strand rieselt von den gebräunten Füßen und aus den Badeshorts auf die Terrakottafliesen. Die Haare sind vom Meerwasser verklebt. Die Haut überzieht eine Salzschicht, die sich mit Sonnenöl und Schweiß vermischt hat. Auf den Füßen zeichnen sich weiße Linien ab, die von den Badelatschen herrühren.

Eine zart gebaute Stechmücke umsäuselt den Kopf in unangenehm hoher Tonlage. Sie will Blut. Da kann sie keine Rücksicht auf die Menschen nehmen. Der Versuch, sie zu zerdrücken, misslingt. Im Bad ist noch genug Wasser für eine Dusche, um Sand, Milch- und Fettsäuren abzuspülen.

13 Uhr. Von unten hört man gedämpft Stimmengeraune, Motorengeräusche und leise Musik. Der Geruch von Knoblauch und Grillfisch wabert durch die glühend heiße Mittagshitze hinauf zum Apartment. So kommt das Verlangen nach etwas Essbarem auf. Nein, vielleicht doch noch ein Stündchen warten. Beim nächsten Blick auf die Uhr ist es 15.30 Uhr. Huch.

Na jetzt aber los, mit ein bisschen Glück bekommt man noch das günstige Mittagsmenü.

102. GRUND

Weil man das Licht der Schöpfung sehen kann

Wenn es den Menschen mitten in der Nacht aus dem Bett treibt, weil er vielleicht dem Drang folgen muss, ein Geschäft zu erledigen, kann es sein, dass nicht nur er, sondern auch die Sonne bereits aufgestanden ist und den morgendlichen Himmel in ein Rot taucht, wie man es noch nie gesehen hat. Und so treibt es den verschlafenen Menschen auf die Terrasse, um sich diesem Naturwunder hinzugeben. Ganz leise setzt er sich auf einen Stuhl und bewundert das Ereignis. Die Festlichkeit, die in der Luft liegt, ist zum Greifen und unterstützt dieses Schauspiel. Die langsam aufsteigende Wärme umschmeichelt seinen Körper. Von der Aleppokiefer vor dem Haus fällt ein Kiefernzapfen auf den Boden. Wer gut hören kann, wird das Geräusch wahrnehmen und sich glücklich schätzen, diesem Naturereignis beigewohnt zu haben. Wer im Laufe seines Lebens aus vielerlei Gründen Atheist geworden ist, kommt nun doch ins Grübeln, denn er fühlt sich für diesen Moment als ein Teil der Schöpfung, ist ein Teil der Natur geworden. Das ist doch alles so schön, das kann doch alles kein Zufall sein, da muss doch ein Gesetz der Logik dahinterstehen. Auch wenn er an diesem Morgen nicht wieder zum Glauben zurückfinden kann, so wird er in diesem Moment vielleicht doch zum Agnostiker, zu einem Menschen, der auf die Frage »Gibt es einen Gott?« nicht mehr mit »Nein« oder »Ja« antwortet, sondern mit: »Ich weiß es nicht und es ist zum gegenwärtigen wissenschaftlichen Erkenntnisstand auch eine Frage, die mir völlig egal ist.«

Weil man nachts anders sieht, hört, fühlt und riecht

Wer zu den Glücklichen gehört, die sich den Luxus erlauben können, sich für ein paar Tage eine Finca zu mieten, sollte sich einmal auf das Abenteuer einlassen, eine Nacht unter mediterranem Himmel zu verbringen, sich mit einer Liege vom Pool seitwärts in die Büsche zu schlagen. Nichts gegen ein gutes Bett, aber das sollte mal für eine Nacht leer bleiben, denn heute ist sternenklarer Himmel. Gegen die milde Kühle der Nacht helfen Pullover und Decke. Mit der Liege hinaus auf das Feld, unter einem Olivenbaum sein nächtliches Quartier aufschlagen, sich niederlegen und auf die Dinge warten, die da kommen können. Nun sich bis zum Hals zudecken und den Blick gen Himmel richten. Man bekommt etwas von ungeahnter Schönheit geliefert. Keine Show der Welt ist auch nur annähernd in der Lage, so etwas zu bieten.

Die Himmelskörper der Galaxis haben ihren Auftritt. Sie strahlen das Licht der Ewigkeit aus. Sie lassen das Gefühl aufkommen, wie unbedeutend das eigene Dasein ist und wie man doch ein Teil dieser Ewigkeit ist. Das beruhigt ungemein und lässt den Betrachter staunen wie ein kleines Kind, das zum ersten Mal das Meer sieht.

Eine Sternschnuppe verglüht am Firmament. Ein Flugzeug entfernt sich rot und grün blinkend vom Himmel. In der Ferne leuchten die Lichter von Häusern. Hunde bellen. Sie treten in einen Dialog miteinander. Ein Esel blökt, oder ist es ein Wiehern, den Pferden gleich? Frösche quakquakquakquaken. Man hört die Glocken der Schafe, die immer, auch nachts, auf der Suche nach Fressbarem sind. Ein Hahn schreit. Der Lärm von Mofas und feiernden Menschen weht leise herüber, dann und wann hupt ein Auto. Die trockene Erde riecht danach, dass es nun endlich mal wieder regnen sollte. Zitroniges und Orangiges liegt in der Luft. Der leichte Wind bewegt die Äste des Olivenbaumes.

Und dann ist es plötzlich ganz still und die äußere Stille lässt die innere Stimme zu Wort kommen: »Hey Junge, du hast schon viel dummes Zeug gemacht, aber jetzt muss ich mal ausnahmsweise nicht meckern. Du wirst auf deine alten Tage ja noch richtig weise. Das hätte ich nun nicht gedacht. Du bist endlich auf dem richtigen Weg.«

Am nächsten Morgen weiß man, dass man um eine mallorquinische Glückseligkeit reicher ist. Man muss nur noch die Liege und die Decke zurückschleppen. Aber derlei Anstrengungen nimmt man gerne in Kauf angesichts der gerade erlebten Nacht.

KAPITEL 9

GEDANKEN

104. GRUND

Weil Gott auf Mallorca seinen Führerschein verlor

Als Gott das Mittelmeer schuf, gab er sich besonders viel Mühe. Besonders die italienische Halbinsel lag ihm am Herzen. Sie sollte von oben so aussehen wie ein Stiefel, oder Griechenland mit seinen vielen Ein- und Ausbuchtungen, dazu die vielen kleinen Inselchen, zu schön. Und dann erst mal die großen Inseln: Sardinien, Korsika und Sizilien. Aber leider kam ihm vom Norden her eine Eiszeit entgegen, die er nicht einkalkuliert hatte. Dadurch wurde er so abgelenkt, dass er sich nicht mehr allzu viel Zeit für die Balearen nahm. Ihm war es aber wichtig, dass die Spanier auch ein paar Inseln bekamen, die könnten sonst schnell beleidigt sein. Ihm war aber auch klar, dass ihm die Inseln nicht so ganz perfekt gelungen waren. Von der Warte Gottes erinnerten die Umrisse von Mallorca doch ziemlich an den Kopf einer verhungerten afrikanischen Kuh. Da Gott aber nun doch über die Jahrtausende ein schlechtes Gewissen bekam, ob der ein wenig hektischen Planung der Balearen, machte er sich auf nach Palma, um sich sein Werk genauer anzusehen.

Dort angekommen, ging er gleich zum Bürgermeister der Stadt, um mit ihm über Veränderungspläne zu sprechen. Der verantwortliche büroleitende Angestellte im Vorzimmer des Bürgermeisters wollte ihn aber nicht zum Chef durchlassen. Da sagte Gott mit sonorer Stimme: »Weißt du, mein Sohn, mit wem du sprichst?«

Der antwortete: »Mein Gott, ich kann doch nicht jeden kennen, der hier ungefragt hereinspaziert. Was ist denn Ihr Begehr?«

»Ich möchte vom Bürgermeister wissen, was ich denn an dieser Insel alles verändern soll, damit alle zufrieden sind.«

Der Angestellte dachte bei sich, dass er es mal wieder mit einem Spinner zu tun hatte, und sagte: »Ich glaube nicht, dass ich Ihnen einen Termin beim Bürgermeister unter diesen Umständen einrichten kann.«

Ziemlich sauer verließ Gott Palma und fuhr mit seinem Leihwagen an die Küste nach Es Trenc. Dort bezahlte er grollend die völlig überhöhten Parkplatzgebühren und ging an den Strand, wo er seine Seele baumeln lassen konnte. Er mietete sich eine Liege, stellte sie unter einen strohdachgedeckten Sonnenschirm, erfreute sich an dem weißen Sandstrand, tauchte ab im glasklaren Mittelmeer und schaute den schönen Mädchen hinterher, die im paradiesischen Zustand an ihm vorbeispazierten. So setzte er sich an die Strandbar, bestellte sich ein »Bocadillo con jamón« und eine Flasche Rotwein. Das gefiel ihm.

Als er sich mit seinem Wagen wieder Richtung Palma bewegte, wurde er am Ortsausgang von Campos von der Polizei angehalten und befragt, ob er etwas getrunken habe.

Das gefiel ihm nicht. Aber da Gott nicht lügen darf, schließlich muss er ja mit gutem Beispiel vorangehen, sagte er: »Eine Flasche ›Sangre del Diablo‹.«

Er musste eine Blutprobe abgeben und danach seinen Führerschein.

Und so kam es, dass Gott nicht mehr in die Geschicke zur Umgestaltung der Insel eingriff. Gott sei Dank!

105. GRUND

Weil man auf der Insel alt werden kann

Gesundes Essen ist nun mal die Voraussetzung für ein langes Leben. Das beginnt bereits mit den Zutaten. Das flüssige Gold, Olivenöl, hat einen hohen Anteil an ungesättigten Fettsäuren und nur wenig gesättigte Fettsäuren wie die tierischen Fette. Olivenöl hat gefäßschützendes Cholesterin. Beim Kauf bitte darauf achten, kalt gepresstes Olivenöl zu kaufen. Und sich bewusst machen: Ein Olivenöl, dessen Literpreis unter 20 Euro liegt, ist gestreckt, gepanscht, mit schlechten

Zutaten versehen oder sonst was. Der Arbeitsprozess ist immens aufwendig, aus einem Olivenbaum erhält man gerade mal einen Liter Öl. Ist der Hersteller nicht auf dem Etikett vermerkt, ist schon mal Vorsicht geboten. Zum Braten oder Kochen kann man schon mal was Günstigeres kaufen, aber bitte nicht pur im Salat oder zum Einstippen mit Brot. Da muss man schon etwas großzügiger in die Tasche greifen. Olivenöl schützt vor Herzinfarkt und Gefäßverstopfung.

Wein, besonders Rotwein, unterstützt, während des Essens genossen, die Eisenaufnahme und das Wohlbefinden. Es muss ja nicht gleich eine ganze Flasche sein, die führt garantiert zu einem schweren Kopf und über kurz oder lang zum Alkoholismus.

Die Mallorquiner haben sich natürlich auch mit den großen und kleinen Problemen des Lebens zu befassen, aber man geht anders damit um. Da kann man von den Mallorquinern lernen: sich nicht aufregen über die Unbilden des Lebens, über Humorlosigkeit eines Obers zum Beispiel, locker bleiben, auch mal wieder daran denken, dass man lächeln könnte. Es sieht vielleicht ein bisschen debil aus, wenn man ohne Grund lächelt, aber das Gehirn wird dadurch überlistet und dazu gezwungen, Glückshormone freizusetzen, und das führt dann wieder zu guter Laune. Da das Wetter fast immer gut ist, kann man sich auf die Terrasse setzen, am Abend vor die Tür und einfach nur gucken. Fast immer draußen sein ist ein wunderbares Gefühl. Die Biochemie, der Stoffwechsel im Lebewesen, wird durch solche äußeren Bedingungen in Gang gebracht.

Wenn man sich spätabends beim Schälen einer Orange tief in den Finger schneidet, so kann man sicher sein, dass man um diese Zeit noch einen Arzt in der Nähe findet, der sich darum kümmert und die Wunde näht. Okay, ist nicht ganz billig, aber was kriegt man schon umsonst. Für das Geld könnte man doch glatt noch eine Woche ranhängen. Also, lieber nicht schneiden und dafür eine Woche länger bleiben.

Und keine Angst, die Verbindung zu Deutschland bleibt ja über die Medien weiter bestehen. Günther Jauch kommt auch hier weiterhin problemlos ins Haus. Man kann sogar NDR 3 einschalten und zusehen, wie die Menschen dort mal wieder mit dem verregneten Sommer zurechtkommen. Eine gewisse Genugtuung macht sich breit und der Drang, darauf einen zu trinken. Prost!

106. GRUND

Weil man lernen kann, seine Vorurteile zu überdenken

Ein weit gereister weltläufiger Bürger des 21. Jahrhunderts hat natürlich keine Vorurteile, es sei denn, sie sind durch eigene Erfahrungen belegt.

Das Hotel in Cala Rajada im Nordosten der Insel ist preisgünstig, das ist ein Vorteil. Es sind deshalb viele Leute da, das ist ein Nachteil. Das Frühstück wird zwischen 8 Uhr und 10.30 Uhr serviert, das ist auch ein Nachteil. So kommt man notgedrungen mit Leuten zusammen, die man eigentlich gar nicht sehen, geschweige denn hören möchte. Der Kaffee schmeckt nicht, abgestanden, kalt und ohne Aroma. Oder man nimmt »Earl Grey«. Er wird in kleinen Beutelchen angeboten, die man mit bereitgestelltem heißen Wasser aufgießen muss. »Ham and Bacon«, gut, wers mag, ist wohl für die Engländer gedacht, die hier eindeutig die Oberhand haben. »Weetabixs«, ein Haferschleim, den man mit Milch anmacht, ist auch nicht für die deutsche Zunge geeignet. Der frisch gepresste Orangensaft schmeckt nach fabrikgefertigter Ware. Die Butter ist in winzig kleinen Portionen abgepackt, ebenso die Marmelade, der Frischkäse und der Honig. Die Brötchen sind wohl schon Wochen unterwegs gewesen, wahrscheinlich in einer Zentralbäckerei in Polen gefertigt. Immerhin haben sie den langen Weg bis hierher überlebt. Aber wer will das essen? Am Ende bleibt ein Berg von Plastikmüll, der in einen Plastikeimer auf dem Tisch entsorgt werden soll. An dieses Schlachtfeld möchte sich niemand mehr setzen.

Aber das Personal ist ja auch zu schwerfällig und desinteressiert, um dem Gast den Urlaub so angenehm wie möglich zu gestalten. Ein kleines Kind am Nebentisch hat keinen Appetit mehr, manscht mit dem Löffel im Essen rum und drückt ihn zum Schluss ganz in den Kuchen rein. Die Mutter sagt vorwurfsvoll: »Sag mal, soll ich das nun essen? Oder was?«

»Ja, wenn du mich freundlich fragst.«

Im Fernsehraum sitzen biertrinkende Engländer, die sich grölend an einem Fußballspiel erfreuen: United Newcastle gegen Hull City Association Football Club. Die nackten Beine haben sie auf den Tisch gelegt. Die Waden sind tätowiert: *Fuck off!* und *My home is my castle!* steht da. Gesang wird angestimmt: »Rule, Britannia! Britannia rule the waves! Britons never will be slaves.« Und so ein Land hat mal die halbe Welt regiert! Bitte schön, man muss das nicht ein zweites Mal haben. Wirklich nicht.

Zurück auf dem Hotelzimmer, kann man einem Ehestreit lauschen, der gerade auf dem Balkon nebenan ausgetragen wird. Das Portemonnaie wird nun im Schrank so versteckt, dass niemand es mehr finden kann, wirklich niemand. Man nimmt doch nicht sein Geld, Führerschein und Personalausweis mit nach unten an den Pool. Da lauern doch nur die Diebe, die einem an das sauer verdiente Geld wollen. Wenn man da mal in den Pool eintaucht, kann man doch sicher sein, dass man ausgeraubt wird. Die Liege, die man gestern Abend mit dem eigenen Handtuch belegt hat, ist noch frei. Feindselige Blicke treffen einen. Warum nur? Und dann kommt auch noch der Ober, der einem ein kühles Bier anbieten will, das natürlich viel zu teuer ist. Nein, nein, das macht er nicht mit mir. Das kann er ja einem Engländer anbieten, die trinken ja alles. Mal den Nachbarn fragen, ob man die *Bild*-Zeitung ausleihen kann. Nein? Unfreundlich sind die Leute hier auch noch.

Zurück auf dem Zimmer, stellt er fest, dass das Portemonnaie aus dem Schrank geklaut worden ist. Da muss sofort die Kreditkarte gesperrt werden. Wie macht man das? Runter zur Hotelrezeption, wo lautstark verkündet wird, dass er vom Hauspersonal bestohlen worden sei. Typisch für die, man ist immer freundlich zu denen und dann beklauen sie einen. Das geht ja nun gar nicht. Der Mann an der Rezeption gibt zu bedenken, ob es nicht vielleicht sinnvoll wäre, noch einmal sorgfältig in allen Ecken des Zimmers zu suchen, da es bis jetzt in diesem Hotel noch nie vorgekommen sei, dass das Personal etwas gestohlen hat. Typisch für diese Mallorquiner, alles abwiegeln, bloß nicht mal die Position des Gastes einnehmen. Aber dass die Kreditkarte gesperrt wird, das kann der Mann in der Empfangshalle dann doch. Na, immerhin was. Oh, wenn man das gewusst hätte, nie, nie hätte man sich auf eine solche Reise eingelassen. Die beste aller Ehefrauen ist auch schon ganz bedrückt, kann aber leider keine Lösung für das Problem anbieten. Gut, das Geld ist weg. Damit kann man sich ja noch irgendwie abfinden. Der Dieb könnte aber doch zumindest so mitfühlend sein, dass er wenigstens die Papiere wieder zurückgibt. Kann er doch gar nichts mit anfangen. Wie kommt man nun an einen neuen Personalausweis? Wo kriegt man einen neuen Führerschein her? Die Kundenkarte von Karstadt ist auch weg und die Bonuskarte von der Bäckerei. Zu ärgerlich! Oh, diese Mallorquiner, ein Volk von Strauchdieben, was kann man sich ärgern!

Und so wirft er sich in der Nacht hin und her, wissend, dass es keinen Schlaf geben wird und keine Lösung. Gegen vier Uhr morgens hört man die Frau zur Toilette gehen. Nach einer Weile erscheint sie wieder am Bett. Sie hält ihm triumphierend das Portemonnaie vor die Nase mit allen Papieren, die er so vermisst hat. Wo sie denn das gefunden hat? Na, es lag in einem Schuh von ihr, das müsste er doch eigentlich wissen, weil er es persönlich dort reingelegt hat. Selig, mit Tränen der Erleichterung, fällt man langsam, sehr langsam, in einen entspannenden Schlaf. Zuvor beschließt er, ein besserer Mensch zu werden, auf der Stelle.

Am nächsten Tag wird der gefasste Vorsatz in die Tat umgesetzt, es wird nicht mehr am Frühstück rumgemäkelt. Er erfreut sich am Kaffee, der heute auch nicht besser als gestern schmeckt. Nach dem Frühstück geht er zum Pool und nimmt sein Handtuch von der Liege und lächelt freundlich die Engländer an, die ihm nun auch wieder freundlich zunicken. Der überraschten Putzfrau steckt er 20 Euro zu und der Portier am Eingangstresen kriegt auch 20 Euro, die er leicht verwundert einsteckt. Oh, diese Deutschen, wird er denken. Aber das hat er sich längst abgewöhnt, sich über Verhaltensweisen von Gästen Gedanken zu machen. Wunder gibt es immer wieder.

Beim Ober bestellt sich unser Gast ein kühles Bier. Es wird auch nicht mehr die Frage nach den Kosten gestellt. Dieser Tag muss gefeiert werden, der Tag eines Neubeginns.

107. GRUND

Weil man an seine Grenzen gebracht wird

Cap Formentor ist der nördlichste Punkt der Insel. Weiter gehts dann nur noch abwärts, fast 400 Meter. Auf seiner Spitze steht ein Leuchtturm. Um da hinzukommen, muss man eine 18 Kilometer lange Stichstraße befahren, die sich allmählich serpentinenartig hinaufschwingt zum Cap, von wo man eine grandiose Aussicht auf die Felsen und das Meer hat. Schon vorher gibt es einen ebensolchen Aussichtspunkt, »Mirador es Mal-Pas« genannt. Aussteigen lohnt sich, gucken auch.

Für einen weiterfahrenden vorsichtigen Autolenker kann es aber ab dann zu einem Abenteuer werden, denn es geht weiter bergauf. Und so wird er mit dem Ansteigen der Straße aus unerklärlichen Gründen immer langsamer – so langsam, dass er sogar von Radfahrern überholt wird. Die Straße führt am Abgrund entlang, nur gesichert durch eine kaum wahrnehmbare Barriere. Vom Steuer sieht es so aus, als wenn überhaupt kein Schutz da ist, was wiederum nicht die Fahrlaune eines flachlandgewöhnten Fahrers erhöht. So lernt er sich durch diese Erfahrung neu kennen. Ja, er muss es zugeben, er hat Höhenangst, in der Fachsprache Akrophobie genannt. Herzrasen, Schwindelgefühle, Schweißausbrüche sind die Begleiterscheinungen. Die Wahnvorstellung des Abstürzens wird immer stärker, ein Kontrollverlust tritt ein, der einen aus dem Wagen an den Straßenrand treibt, der hier jäh endet und in ein Nichts übergeht. Das zieht einen Höhenängstlichen magisch an, und es treibt ihn dazu, aus Versehen in die Tiefe zu stürzen. Er ist hochgradig gefährdet. Wie schrecklich! Was kann man da machen?

Zu behandeln ist das mit Medikamenten oder durch Psychotherapie, aber wenn man sich mit seinem Auto so weit hochgewagt hat, dann glauben auch Optimisten nicht daran, hier noch eine Apotheke zu finden, einen Psychotherapeuten wird es hier auch nicht geben und einen Notarzt schon gar nicht. Wenden auf der schmalen Straße könnte erst recht zu einer Katastrophe führen. Hilfreich ist jetzt, wenn man einen verständnisvollen Beifahrer hat, der beruhigend auf einen einredet. Aussteigen ist nicht anzuraten, aber heulen darf man, das entspannt schon mal. Dann sich auf den Rücksitz legen, mit dem Gesicht nach unten, Beten könnte helfen, ein höhenangstfreier Beifahrer wäre aber sehr viel hilfreicher, sodass man am Ende doch noch das Cap erreicht und später dann die Abfahrt bewältigt.

Ist man allerdings allein unterwegs, hat man ein echtes Problem. Da kann man dann nur noch aussteigen und auf allen vieren zurück ins Tal nach Port de Pollença kriechen und dort die Polizei benachrichtigen und fragen, ob sie nicht so freundlich seien könnten, den Wagen zu holen. Jetzt könnten sie doch mal beweisen, ob der Spruch stimmt: »Polizei, dein Freund und Helfer!« Man wäre auch bereit, was für die Kaffeekasse zu spendieren.

Weil man das Mallorca-Feeling auch zu Hause haben kann

Wenn man mal nicht vor Ort sein kann – das Mallorca-Feeling stellt sich auch ein, wenn man positive Gedanken zulässt. Lächeln, wie gesagt auch ohne Grund, sich Wein einschenken und ein Essen bereiten mit viel Knoblauch, Olivenöl, natürlich kalt gepresst, Tomaten, Schafskäse, Aioli, Baguettebrot und was man denn noch so möchte. Eine Kerze anzünden, zur Not Teelichter. In einem Topf oder einer Pfanne kann man den mitgebrachten Sand von Mallorca ein bisschen anwärmen, aber aufpassen, nicht zu heiß werden lassen, dann seine Hand reinstecken und den warmen Sand durch die Finger rieseln lassen. Wenn man es aufwendiger betreiben will, kann man sich auch eine oder mehrere Palmen bei der nächsten Gärtnerei ausleihen, den Ventilator anstellen und Duftkerzen davorstellen, eine Hängematte in das Wohnzimmer spannen, sich reinlegen und dazu eine CD anmachen, auf der Julio Iglesias singt: »Wenn ein Siief voübäfäährt, fäährt mit ihm die Säähnzucht. Adios Carino hey, du kommst ja wiedä. Ein Jaah gääht bald voabai.«

Gut, der Text ist nicht so anspruchsvoll, aber insgesamt schööön. Man könnte ja was Anspruchsvolles lesen, zum Beispiel was von Hans Bötticher. Dazu Badewasser einlassen, schön warm, fast heiß, sich hineinlegen und dann sein Gedicht laut lesen:

»Die Badewanne prahlte sehr,
sie hielt sich für das Mittelmeer,
und ihre eine Seitenwand
für Helgoländer Küstenland.«

Er hat natürlich recht. Aber wenn man sich nicht an eine Seitenwand anlehnt, die an Helgoländer Küstenland erinnert, dann kommt man doch der Illusion mit dem Mittelmeer näher. Noch ein bisschen Sandstrand einfüllen wäre gut, dann wäre die Illusion perfekt, oder? Und dann noch ein Petermännchen dazu? Nein, das ginge dann wirklich zu weit – das arme Tier.

Und dann ist es genauso wie auf Mallorca. Dann tritt das südliche Feeling ein, das Mallorca-Feeling. Wunderbar! Na klar, man kommt ja wieder, denn »ein Jaah gääht bald voabai«.

Übrigens, zum eben zitierten Gedicht *Die Badewanne*: Der Dichter Hans Bötticher ist unter dem Namen Joachim Ringelnatz bekannter geworden.

109. GRUND

Weil hier weitere Gründe hingeschrieben werden können, warum man Mallorca liebt

Weil man, wenn man dieses Buch aufmerksam gelesen hat, diese Fragen beantworten kann

Frage 1:
Wer war George Sand?
A. ein irischer Fußballspieler
B. ein englischer Premierminister
C. eine französische Schriftstellerin
D. der Bürgermeister von Palma

Frage 2:
Was heißt »Strand« auf Mallorquinisch?
A. platja
B. playa
C. beach
D. praia

Frage 3:
Wie heißt das Lokal, in dem der König Felipe von Spanien und seine Gattin Letizia warten mussten?
A. Tapasbar Casa Manolo
B. La Caracola
C. Estragon
D. Bar Cucú

Frage 4:
Wer oder was ist ein Petermännchen?
A. ein zu kurz geratener deutscher Tourist
B. ein giftiger Fisch
C. der Kosename für Peter Maffay
D. Pedro Macho, ein Wärter im Museum von Joan Miró

Frage 5:
Was ist Aioli?
A. ein mallorquinischer Ausruf der Freude
B. eine Vorspeise aus Knoblauch und Mayonnaise
C. ein mallorquinischer Wein
D. der Name des Schiffes vom König von Spanien

Frage 6:
Was feiert Mallorca am 12. Oktober?
A. das Ende des Sommers
B. den Tag der Befreiung von den Touristen
C. die Entdeckung Amerikas durch Kolumbus
D. den Geburtstag von Joan Miró

Frage 7:
Was ist ein Llaüt?
A. ein kleines Holzboot
B. mallorquinischer Ausdruck für einen betrunkenen Touristen
C. ein Spanferkel
D. ein Bauernhof

Frage 8:
Was sind Tapas?
A. mallorquinischer Ausdruck für Tapeten
B. kleine Appetithäppchen
C. mallorquinischer Name für Marzipan
D. Weißbrot

Frage 9:
Was ist eine Cala?
A. der mallorquinische Name für Karla
B. eine Glatze
C. eine Katze

D. eine vom Meer in den Fels geschnittene Sandbucht

Frage 10:
Was sind Espardenyes?
A. mallorquinische Bezeichnung für Bikini
B. Arbeiter auf einer Finca
C. Cocktails aus Rotwein, Weinbrand und Orangensaft
D. Strandschuhe

Lösungen:
Frage 1: C, 2: A, 3: A, 4: B, 5: B, 6: C, 7: A, 8: B, 9: D, 10: D

Eine bis drei Fragen richtig beantwortet:
Kopf hoch! Immerhin haben Sie schon mal was von der Insel gehört. Hausaufgabe: Das Buch noch einmal lesen!

Vier bis sieben Fragen richtig beantwortet:
Na bitte, geht doch schon ganz gut. Sie sollten aber öfter die Insel besuchen, um sie besser kennenzulernen.

Acht bis zehn Fragen richtig beantwortet:
Gratulation! Sie haben das Buch aufmerksam gelesen. Sie wissen viel oder fast alles. Ihnen kann niemand etwas über Mallorca vormachen.

111. GRUND

Weil man über das Leben nachdenken kann

Wenn spätestens Anfang November die Touristenströme versiegen, tritt auf der Insel so etwas wie Ruhe ein, Durchatmen für die nächste Saison. Jetzt muss die Zeit von November bis Februar gelebt werden. Und so tut es der Seele gut, melancholische Gedanken zuzulassen. Die Plaça Mayor in Pollença ist zu dieser Zeit fast völlig ausgestorben. Das »Ca'n Moixet« hat sein Sonnendach zurückgerollt. Jetzt stört hier keine Sonne mehr. Das Café wird auch »Cafe Espanyol« genannt, vielleicht ein Zugeständnis des Wirtes an die Touristen, die »Ca'n Moixet« nicht aussprechen können. »Ca'n« ist zu übersetzen mit »Haus des« oder »Haus der«. »Moixet« ist das mallorquinische Wort für Kätzchen und wird »Muischet« ausgesprochen, frei übersetzt ins Deutsche »Beim Kätzchen«.

Nur noch ein paar Stühle mit Rundtischen bieten jetzt dem Gast Platz. Neben der Eingangstür wird für Franziskaner Weißbier geworben. Die Platanen auf dem Vorplatz sind zurückgeschnitten, sie stehen wie amputierte verlorene einsame Wesen da. Sie werfen einen schmalen Schatten auf den Steinboden vor dem Café. Zum Abend hin wirft das Licht des Cafés einen warmen Hauch auf den Platz. Die Atmosphäre erinnert an ein Gemälde von van Gogh.

Ja, ja, das Leben ist nun mal kein ewiger Badeurlaub auf den Balearen. Und so fasst der Gast mal wieder seine Gedanken im »Cafe Espanyol«, »Ca'n Moixet« genannt, zu einem Gedicht zusammen.

Ca'n Moixet
Auch wenn dieser Winter ein Sommer ist
und der Oleander schon wieder wächst,
glaub mir, mein Freund,
die Zeit wartet nicht auf dich.
Früher sagte man, warte,
deine Zeit kommt noch!

Warte jetzt nicht mehr,
sie war schon längst da,
du hast es nur nicht gemerkt.
Jetzt wird sie dein Feind.
Glaub bloß nicht, dass du jetzt

im Herbst deines Lebens ernten könntest.
Deine letzten Stunden sind wie Diamanten für dich.
Dein Winter hat schon längst begonnen.

Aber für einen Espresso
auf dem Marktplatz von Pollença
bleibt ja wohl noch Zeit,
und für die Erkenntnis, dass das Leben
nur von kurzer Dauer ist.
Da hilft auch kein Lippenstift.
Im Gegenteil,
er wird zum Ärgernis,
wenn Spuren an der Kaffeetasse
zurückbleiben.
Die Kellnerin räumt klaglos
das gebrauchte Geschirr ab.
Und vielleicht noch einen Hierbas?
Ja, natürlich.

Und so endet das Buch mit dem Wort,
mit dem es begonnen hat:
Mallorca

DIETRICH VON HORN, geboren 1944, lebt in Bargteheide bei Hamburg. Er ist pensionierter Lehrer, verheiratet, Vater zweier erwachsener Töchter und inzwischen stolzer Großvater. Er hat viele erfolgreiche Bücher verfasst, unter anderem 111 GRÜNDE, LEHRER ZU SEIN bei Schwarzkopf & Schwarzkopf.

Dietrich von Horn
111 GRÜNDE, MALLORCA ZU LIEBEN
Eine Liebeserklärung an die schönste Insel der Welt

ISBN 978-3-86265-460-4

KATALOG
Wir senden Ihnen gern kostenlos unseren Katalog.
Schwarzkopf & Schwarzkopf Verlag GmbH
Kastanienallee 32, 10435 Berlin
Telefon: 030 – 44 33 63 00 | Fax: 030 – 44 33 63 044

INTERNET | E-MAIL
www.schwarzkopf-schwarzkopf.de
info@schwarzkopf-schwarzkopf.de